AF260174

LISTE

PAR ORDRE ALPHABÉTIQUE,

DES ÉMIGRÉS

DU DÉPARTEMENT DE PARIS.

A PARIS,

De l'Imprimerie de **BALLARD**, Imprimeur du Département
de Paris, rue des Mathurins.

An 11ᵉ. de la République.

NOMS DE FAMILLE.	PRÉNOMS.	QUALITÉS.	DERNIERS DOMICILES.
A.			
ABEILLE,			au collége de Navarre.
ADAM,		Médecin,	rue des Moulins.
ALAIGRE,	François-Marie,		à Toulon.
ALAIGRE, (fille)	Claire,		à Toulon.
ALBERT,		Abbé,	rue de la Pépinière.
ALBERT, (femme de)			rue de l'Univerfité.
ALIDON,		ex-Député à la Convention nationale,	aux Champs Elifées, au coin de la rue Marigny.
ALIGRE, (d')		ex-Préfident,	rue de Bondy.
ALLIOT DE MUSEY,		Tréforier de Mefdam.	rue neuve des Mathurins.
AMECOURT, (d')	Louis-Adrien,	Confeiller au ci-dev. parlement,	rue de l'Univerfité.
AMEICOURT, (fils)			rue de la Michaudière.
AMELIN,		Prop riétai re,	
AMELOT DE GRECHAMP,			rue des Lyons Paul.
AMELOT,		ex-Evêque de Vannes,	rue des Lyons Paul.
ANAUD,		ancien Boulanger,	
ANDRÉ,			cul-de-fac Taitbout.
ANGIVILLIERS, (d') (femme)			rue de l'Oratoire, au ci-devant hôtel du Gouvernement.
ANGO-LEZEAU,	Jean-Baptifte,	ex-Marquis,	
ANNIERES, (d') & fa femme,			rue Avoye.
ARMAND, femme, dite FAVIER,			rue d'Angoulême.
ASNIERES, (d')		Fermier-général,	boulevard Poiffonnière.
AUGEARD, fils,			boulevard Poiffonnière, chez fon père.
AUGER DE MONTHION,	Jean-Baptifte-Robert,	Chanceler de Charles Philip., prince Franç.,	rue de Grenelle fauxbourg Germain.
AUGET,	Jean-Baptifte-Robert,		rue Marguerite.
AUMONT-VILLEQUIER,	Louis-Alex.-Célefte,	ci dev. Gentilhom. de la Chamb du Roi,	rue Neuve des Capucines.
AUVRAY,		ex-Auditeur des comptes,	rue du Temple.
B.			
BACHELIER,			au collége de Navarre.
BACIOCEHY,		ci dev. chev. de S. Louis & ci-d. Moufquetaire.	maifon de l'Egalité, chez le citoyen Poizmenx.

A

NOMS DE FAMILLE.	PRÉNOMS.	QUALITÉS.	DERNIERS DOMICILES.
BACOT & sa femme,			rue de Tourraine, au Marais.
BADIER-VERSEILLES,			maison Égalité, cour des Fontaines.
BAILFEMME,			rue Blanche.
BAILLARD,			quai des Balcons, Isle Louis.
BAIN (de),			fauxbourg Jacques.
BALBY, (dame)		Comtesse,	au Luxembourg.
BALINCOURT, (madame de)			place du palais ci-devant Bourbon.
BALLEROY, (de) & sa femme.		ex-Comtesse,	rue de la Planche.
BALLINVILLIERS,			
BARBANÇON,			rue de Babylone.
BARBANÇON,		ex-Marquis,	rue de Babylone.
BARDONNET,		Abbé,	
BAREAU (de) GIRAC,		ex - Evêque de Rennes,	fauxbourg Honoré.
BARENTIN,		ex-Garde des Sceaux,	rue de l'Égoût Paul, maison d'Ormesson.
BARJOT DE PONCÉ, (femme LEBACLE D'ARGENTEUIL).	Marie-Joseph.-Carol.		rue de Thorigny, au Marais.
BART (de),			rue du Gros-Chenet.
BARTELLIAC l'aîné,			rue neuve Eustache.
BARTELLIAC jeune,			rue neuve Eustache.
BARVILLE, (de) CLÉMENT		Proc.-Gén. de la cour des Aides,	rue d'Enfer, ci-devant hôtel Vendôme.
BASCHY,			rue Dominique.
BASLEROY & son épouse,		ex-Comte,	rue du fauxbourg Honoré.
BASQUES (DE),		ex-Baron,	rue de Ménars.
BAVIERE (DE),		ex-Baronne,	rue de Sèves.
BAUDRY DE MARIGNY,	Jean-Baptiste,		
BAUDU,			rue du fauxbourg Jacques.
BAUGER, (veuve)		ci-dev. Concierge au château de Choisy.	rue de Vaugirard, au coin de celle Garancière.
BAUGER, deux fils,			rue des Blancs-Manteaux.
BAULARD, (femme)	Marie-Pierrette-Logre,		à Gray.
BAUTREL-QUINTIN,		ex Officier aux ci-d. Gardes Françaises,	rue des Petites-Écuries du ci-devant roi.
BAUVAR,		ancien Commissaire des guerres,	rue de la Planche.

NOMS DE FAMILLE.	PRÉNOMS.	QUALITÉS	DERNIERS DOMICILES.
BEAUCHAMP,			
BEAUDEAN DE PARABERT,	Alexandre,		*rue de Lille, ci-devant Bourbon.*
BEAUFORT,			*rue du Bacq.*
BEAUJEU,			
BEAULIEU,			*rue Thibautodé.*
BEAUMONT & son épouse,			*rue de Grenelle, fauxbourg Germain.*
BEAUMONT D'AUTICHAMP,		ex-Marquis & Maréchal de camp,	*rue de l'Université, au ci-dev. palais Bourbon.*
BEAUMONT, fils,			*rue Pavée, chez son père.*
BEAUMONT,			*au collége de Navarre.*
BEAUNE, (DE)		ex-Comte,	*rue Chantereine, hôtel de Chamant.*
BEAUNE, épouse de Louis-Hubert Pluard-Gilbert-Armand de Chastenay,	Geneviève-Logre,		*rue neuve Augustin.*
BEAUPOIL DE SAINT-AULAIRE,		ex-évêque de Poitiers,	*rue Dominique, fauxbourg Germain.*
BEAUREPAIRE, (demoiselle)			*rue des Rosiers au Marais.*
BEAUVERT, (veuve)			*rue Marc.*
BEAUVILLE,			
BEAUVILLIER, héritier de la feue comtesse de BEAUVOIR,			*rue neuve des Mathurias.*
BECFORT,		Milord	*rue de Varennes.*
BEHAGUE, (de)			*rue Charlot, au Marais.*
BELDERBUSCH,			*rue neuve des Mathurins.*
BELIZY,			*rue des Jeûneurs, chez le citoyen Glatigny.*
BELLANGER,		ex-Marquis,	*rue Destoc, fauxbourg Honoré.*
BELLEFOND,			*rue de Poitiers.*
BELLEVILLE, fils,		ex-Chevalier,	*rue Paradis, chez son père.*
BELLISARD & sa femme,		Architecte du ci-d Condé & Académ. pensionné,	*rue J. J. Rousseau.*
BELLISARD fils,		ex-Marquis,	*rue J. J. Rousseau, chez son père.*
BELZUNCE,		ex-Garde du ci-dev. Roi,	*rue du vieux Marché d'Aguesseau.*
BÉON,			*rue Plumet.*
BERBAUT, veuve de Dominique-Joseph CASSINI,	Angélique Dorothée		*rue de Babylone.*
BERCHIGNY,			*rue de Verneuil.*

NOMS DE FAMILLE.	PRÉNOMS.	QUALITÉS.	DERNIERS DOMICILES.
BERGER,	Jean-Bapt.-François	Garçon Mar. de vin,	
BERGERET DE FROUVILLE, fils aîné,		ci-devant Ecuyer,	rue du Parc ci-devant Royal.
BERGUE, (de)			rue Dominique, à Joseph.
BERNARD,		ex-Conseiller au ci-d. Parlement,	rue neuve saint-Roch.
BERNARD,			rue Méry.
BERNARD,	Ange-François-Charles	ex-Préfid. à la ci-d. cour des Aides de Paris.	rue Marc.
BERNARD fille,			rue Taitbout.
BERNARD femme,			rue de Chaillot, maifon du citoyen Bunon.
BERNE,			rue de Cléry
BERNET, femme de Marin-Ben. HORDÉ,	Thérèfe		boulevard Montmartre.
BERRTELIN,			
BERTHELOT DE VILLERNOIS,		ex-Maître des req.	rue Culture Catherine.
BERTHIER,	Bénigne-Étienne		rue de Vendôme.
BERTHIER,	Antoine-Joseph-Louis		rue Paul.
BERTHIER,	Anne-Pierre-Bénigne-Louis,		rue Paul.
BERTIN, femme,		Mde. de modes de la ci-dev. reine,	
BERTRAND,			rue neuve des Mathurins.
BERTRAND,			
BERTRAND,		ex-Miniftre,	rue de la Révolution.
BETHUNE,		ex-Marquis,	
BETILLY,			rue des Foffés Germain-des-Prés.
BEVIN,			rue de Lille.
BEZONAT, Ve. Forceville-Méricourt,			rue neuve Méry.
BEZUNVILLE,		Abbé,	rue Caffette.
BIDAULT DE LATOUCHE,			
BIDÉ DE LAGRANDVILLE,	Louis-Joseph-Mathieu,	Brigadier des Armées du ci-devant roi,	rue du fauxbourg Honoré.
BIELLE, (de) femme de Taillerand, ex-Vicomte,			rue de Lille.
BIÉRECOURT,		ci-devant Tréforie aux Écoles militaires,	
BIGNON,		ex-Avocat,	rue neuve Catherine, au Marais.
BIGNON,		Avocat du ci-d. roi, au ci-d. Châtelet de Paris,	rue du fauxbourg Montmartre.

BILLAUS, femme,

NOMS DE FAMILLE.	PRÉNOMS.	QUALITÉS.	DERNIERS DOMICILES.
BILLANS, femme,			cul-de-sac Taitbout.
BINAUVILLE,		Propriétaire.	
BINET DE LA CHAUSSÉE,	André-Louis,	Capit. de Grenadiers au 5e. rég. d'infant.	
BINGUE,			au Val-de-Grâce.
BISSART-LALONCY,		ex-Chev. de S. Louis.	
BLET, veuve Quemadeux,			rue de Bondy.
BLONDIN, dit DERIGNY,			à Ancenis en Bretagne.
BLONGIS,			rue Honoré.
BLOT, femme,		ex-Comtesse,	cour des Fontaines, palais Egalité.
BLOTTEFIER,		ex-Marquis,	
BOCHARD DE CHAMPIGNY,			
BODUS,			rue Jacques.
BOILLE & sa femme,			rue neuve des Capucins.
BOIDAITMETS,			rue Mélée.
BOINE, (de)			rue de l'Université.
BOISDALLEMET,		Abbé,	rue Mélée.
BOISGELIN, (de) dame & ses deux neveux FLEURIANT & KERVOLEZ,			rue du Doyenné.
BOISGELIN,		ex-Marquis,	rue de Grenelle Germain, au ci-d. hôtel d'Harcourt.
BOISGIBAULT,			rue Mirabeau.
BOISNON, femme,			place des Fédérés.
BOISSAISON,			place des Fédérés.
BOISSE, (de)			rue Taranne, maison du citoyen Conart.
BOISSE, (dame de)			rue Caffette.
BOISSE, (de)			rue Caffette.
BOISSEUL,		anc. Mestre de camp de cavalerie,	rue Bellechasse.
BOISSIERE,		ex-Comte,	rue de Lille, au coin de celle des Pères.
BOISSON, décédé à la Haye,	Gabriel.		
BOISTON, père,			rue de l'Université, au ci-dev. palais de Bourbon.
BOISVILLE,			rue neuve des Mathurins.
BONAY,			rue du Bacq.

B

NOMS DE FAMILLE.	PRÉNOMS.	QUALITÉS.	DERNIERS DOMICILES.
BONNARDOT,			*rue de Chabanois.*
BONNEVAL,			*cloître Notre-Dame.*
BONNEVILLE, (de)			*rue des Pères.*
BORIER,			*rue Caumartin.*
BORNICHE, fils,			*rue de la Harpe, ancien collège de Bailleux.*
BOSSU,	Pierre-Louis,	ex-Curé de S. Paul,	
BOUCHER,		Cocher du fieur de Vibray, ex-Marq.	*rue des Blancs-Manteaux,*
BOUDET,			*maifon de l'Egalité.*
BOUDEVILLE,			*rue de la Chaife.*
BOUFFLERS,			*rue de Choifeuil, près le Boulevard.*
BOUFFLERS,	Amélie,		*rue de Bourbon.*
BOUHIER DE LANTENAY,		ancien Officier,	*fauxbourg Poiffonnière.*
BOUILLÉ, (de)		ex-Marquis, ex Commandant de Metz.	
BOUILLÉ, (de)		Militaire.	
BOUILLÉ, femme,			*rue d'Anjou Honoré.*
BOULANGER,		ex - Marquis,	*rue de la Pépinière.*
BOULANGER,			*quai Malaquais.*
BOULOGNE DE NOGENT,		ex-Maire des req.	*rue de l'Univerfité, près celle Belle-Chaffe.*
BOULOGNE,			*rue de la Réunion.*
BOURBON,		ci-devant Prince.	
BOURBON CONTI, (dame)		ex Princeffe,	*rue Dominique, fauxbourg Germain.*
BOURBON DE CHARTRES, fils aîné,	Louis-Philippe,	Colonel de dragons,	*rue Honoré, maifon Egalité.*
BOURBON (Delle. de) d'ORLÉANS, dite EGALITÉ,			*rue Dominique, cour ci-devant Belle-Chaffe.*
BOURBON-BUSSET & MORETON CHABRILLANT, femme,			*rue de Grenelle.*
BOURBON CONDÉ, demoifelle,		ex-Princeffe,	*rue de ci-devant Monfieur.*
BOURBON (de) fon époufe & la demoif. BOURBON-CONDÉ, ex-Princ. & Abb. de Remiremont,	Louis-Jofeph-Henry,	ex-Duc & Prince.	
BOURBON (de)	Louis-Henri-Jofeph,	ex-Prince & Duc,	*rue de l'Univerfité.*
BOURBON-CONDÉ,	Louis-Jofeph,	ex-Prince,	*rue de l'Univerfité.*
BOURDELOT LAUNAY,			*rue de Lancry.*

NOMS DE FAMILLE.	PRÉNOMS.	QUALITÉS.	DERNIERS DOMICILES.
BOURGEOIS & Mariane-Antoinette Georges DUTAILLIS, fa femme,	Jean-François	ci-dev. Concierge au chât. de Chantilly.	
BOURGEOIS DE BOISNE,			rue de l'Univerfité.
BOURGEVIN & VIALART DE ST.-MAURICE & fon époufe ,		ex-Confeil. au ci-dev. parlement de Paris,	rue Vivienne.
BOURGEVIN VIALARD DE MOLIGNY ,			rue Vivienne.
BOURGEVIN VIALARD DE SAINT-MAURICE ,	Paul-Jean-Baptifte	Confeiller au ci-dev. parlement de Paris.	rue Vivienne.
BOURNEVILLE, femme,			rue des Pères.
BOUSSONVILLE,		Chevalier de S-Louis & Prêtre.	
BOUSSONVILLE ,		Abbé ,	au Luxembourg.
BOUTET,		Abbé ,	rue Nicolas.
BOUTHILLIER,	Charles-Déon		rue des Foffés Montmartre.
BOUTILLER ,		ex-Marquis ,	rue des Blancs-Manteaux.
BOUTTIN,			rue de Clichy.
BOUVET,			rue des BlancsxManteauu.
BOUVET, deux fils ,			rue des Blancs-Manteaux.
BOUVILLE, & fa femme,		ex-Comte ,	rue de la Révolution , place de la Révolution.
BOUVILLE, (de)	Humbert ,	ancien Cap. de caval.	rue d'Anjou.
BOUVILLE, (de)			rue de Grenelle.
BOUVILLE,			
BOUVINSIEN,		ex-Comte ,	rue de Poitou.
BOUY, (de)		ex-Baron ,	ci-devant hôtel de Beauvais , rue des Vieux-Auguftins.
BOUZOLE,		ex-Comte ,	rue d'Amboife.
BOYD & Compagnie ,		Banquier ,	rue de Grammont.
BOYER,			faub. Poiffonnière , au coin de la rue des petites Écuries.
BOZONAS, (veuve)			rue neuve Médéric.
BRACHET, (dame)		ex-Marquife ,	rue du Parc-Royal.
BRAMANT,		ex-Prêtre ,	rue du Bacq , Miffions etrangères.
BRANCAS VILLARS fils ,			rue de Paradis au Marais.
BRANLOIN BEAUFORT,	Jofeph-Marie-J.-Mich.		
BRANDON	Jofeph ,	Md. Mercier ,	rue des Foffés Germain-des-Prés.

NOMS DE FAMILLE.	PRÉNOMS.	QUALITÉS.	DERNIERS DOMICILES.
BRAY,			
BREHAN, (de) dame		ex-Marquife,	rue Rochechouard, fauxbourg Montmartre.
BRETEUIL & dame de MATIGNON,			cul de-fac Dauphin Honoré.
BRISSART,		Abbé,	rue & porte Honoré.
BRISSON, fils			rue Avoye.
BROGLIO,		ex-Mal.-de France,	rue de Varennes.
BROGLIO REVEL,			rue de Bourbon.
BROGLIE, (de)			rue Dominique.
BROGLIE, femme			rue Dominique.
BRON, (de)			rue de l'Univerfité.
BROSSARD,			rue des Piques.
BROSSE DE MONTENDRE,	Ignace-Jofeph,	ex-Marquis,	rue de Clichy.
BROSSE DE MONTENDRE,		ex-Offic. au ci-d. rég des Gardes-Suiffes,	rue de Clichy.
BRUGNET,		ex-Mᵉ. de collége,	aux Quatre-Nations.
BRUNOY,			fauxbourg Honoré.
BRUSLÉ, (demoifelle de Presle de Saint-Gobert.)			
BRUYERE, (de)		ex-Comte,	rue Chantereine.
BRUYERE-CANTABRE,		ex-évêque d'Omer,	rue Chantereine, hôtel Chaumont.
BUISSON DE BEAUTREVILLE,		ex-chevalier & ambaffadeur en Suiffe,	rue des Pères.
BUISSON DE BOITEVILLE,			rue des Pères.
BUITERNE,			rue ci-devant Bourbon.
BUNAULT DE MONTBRUN,			rue des Jeûneurs.
BUTHELEY,			

C.

NOMS DE FAMILLE.	PRÉNOMS.	QUALITÉS.	DERNIERS DOMICILES.
CAHIDEUX DUBOIS DE LAMOTTE,		Capitaine de cavalerie,	rue du Petit Vaugirard.
CAIGNET, Vᵉ. femme LAFERRONNAIS.			
CAILLEBOT DE LASALLE,		ex-marq. & commandant à Strasbourg.	
CALONNE, fieur & dame,		ex-miniftre,	aux Quinze-Vingts, & rue Honoré, nᵒ. 445.
CALONNE,		ex-abbé,	rue du Mont-blanc.
CALVIMONT,			ux Petites Ecuries, rue du fauxbourg Denis.

CAMBIS (de)

NOMS DE FAMILLE.	PRÉNOMS.	QUALITÉS.	DERNIERS DOMICILES.
CAMBIS, (de)			*Vaugirard.*
CAMBRAY, (fille)			*rue Caffette.*
CAMUS, (demoifelle)			*rue Paul, cloître Louis.*
CAMUS, (femme)		ex-Comteffe,	*rue Caffette.*
CAMUS DE PONTCARRÉ DE VIARMES & DE VIENNES, fon ép.	Louis-François Elie, Marie-Paul,		*rue Notre-Dame des Champs.*
CAMUSAT, (dame)			
CANOUVILLE,			*rue du Cherche-midi.*
CANOUVILLE,			
CAPONES (dame)	Hypolite-Louife-Ant.	ex-Préfidente,	*rue de Sèves, à l'abbaye aux Bois.*
CAPOUSE, (femme)			*rue de Sèves, à l'Abbaye aux Bois.*
CAPELLIS,			
CARAMAN,		ci-devant Duc,	*rue Dominique.*
CARAMAN,	Jean-Louis,		*rue du Bacq.*
CARAMAN,		ex-Comte,	*rue Dominique, fauxbourg Germain.*
CARDEVAL (de) D'HAVRINCOURT,	Anne Gabriel-Pierre,		*rue Dominique.*
CARRÉ MARGORY, (de)			*rue du Temple.*
CASSIGNY,			*rue de Babylone.*
CASTELLANE, (de)			*rue du Bacq.*
CASTELDECQ,			*rue notre-Dame des Viéliires.*
CASTRIES,		ci-d. Mal. de France,	*rue de Varennes.*
CASTRON,			*rue des Tournelles.*
CAVAGNAC, (femme)		ci-d. Mal. de France,	*rue Sébaftien.*
CAUMARTIN DE SAINT-ANGE,			
CAUMONT, (de) dame			*rue de Grenelle.*
CAUMONT, (dame)		ex-Comteffe,	*rue des Pères.*
GAUZAN,			*rue de Grenelle.*
CAZALÈS,			*rue des Petits-Auguftins.*
CELY, (femme)			*rue de Verneuil.*
CHABANNE, (dame)			*rue Dominique, au couvent de Bellechaffe.*
CHABANOIS, (dame de)			*à la Ville-l'Evêque.*
CHABERT,			*rue de la Révolution.*

C

NOMS DE FAMILLE.	PRÉNOMS.	QUALITÉS.	DERNIERS DOMICILES.
CHABERT,			rue du Grand-Chantier.
CHABOT, veuve WAL., & présente-ment femme PLANDEVERT,	Marie - Agathe- Adél.-Jeanne,		rue de Varennes, au ci-devant hôtel Chabot.
CHABRILLANT,		ex-Marq., 1er. Ecuy. de la ci-d. com. d'Art.	rue de Lille, ci-d. Bourbon, aux Ecuries ci-d. Artois.
CHAILLON DE JOINVILLE,	Auguste-Jean-François,	ex-Mre. des requêtes,	Place des Victoires nationales, au ci-d. hôtel Massère.
CHALAIS (de) & D'ALBERT,			rue Belle-Chasse.
CHALAIS,		ci-dev. Prince,	rue de l'Université.
CHALONS & son épouse,		ex-Comte,	Ambassadeur, à Lisbonne.
CHALUT, (de)			rue Dominique.
CHAMBONAT,			rue Poissonnière.
CHAMBORS, (de)	Louis,		rue des Pères.
CHAMBRAY, (de)		ex-Marquis,	rue du Regard.
CHAMBRAY,		ex-Chev. de Malthe,	rue des Vieux Augustins.
CHAMBRAY (de) & son épouse DE LA FONTAINE,	Louis-François, Marie. Angél.-Rosalie,		
CHAMILLY,			rue neuve des Mathurins.
CHAMILLY,			rue Claude.
CHAMPIGNELLE,		ex-Comte,	rue du Foin, au Marais.
CHAMPION DE CICÉ, les frères & sœurs,			rue de la Ville-l'Evéque.
CHAMPION DE CICÉ,		ci-d Archev. de Bord. & Chanc. de France,	rue de la Ville-l'Evéque.
CHAMPION DE CICÉ,		ex-Evéq. d'Auxerre,	rue de Sèves, aux Incurables
CHANTIER, (dame)		sœur de l'Ev. d'Aux.	rue de Sèves, aux Incurables.
CHARLES-PHILIPPE,		ex Prince français.	rue ci devant Égalité,
CHARPENTIER, (demoiselle)	Edmée Cécile,		rue des Douze Portes, au Marais.
CHARPIN DE VALSAN,			rue de Lille.
CHARTOMISE (de) LA BLOTAIRE,	Pierre,		rue d'Angoulême.
CHASTENET DE PUISÉGUR,	Hyacinte-Anne,	Lieut. de vaisseaux,	rue & Chaussée d'Antin.
CHASTENET DE PUISÉGUR,	Jacques-Maxime Paul,	ex-Mestre-de-camp,	rue de Bourbon, fauxbourg Germain.
CHASTULÉ,		Maréch. de camp,	rue de Cléry.
CHATEAUBRUN, (femme)			rue de Buffon.
CHATELAIN,		Payeur de la Marine, à Toulon,	rue du Petit Carreau.

NOMS DE FAMILLE.	PRÉNOMS.	QUALITÉS.	DERNIERS DOMICILES.
CHATELAYON,			place des Fédérés, maison de Voismont.
CHATELUX,			rue des Roziers.
CHATFLUX DURFORT, (sa femme)		ex-Comte,	aux Tuileries.
CHATENAY, (du) & son épouse,		ex-Mc. des requêtes ,	rue des bons Enfans Honoré.
CHATENAY DE PUISÉGUR,	Pierre-Louis		rue Dominique.
CHATENAY DE PUISÉGUR & sa femme,			rue Dominique, fauxbourg Germain.
CHATENEY, (Mde. de) LENTY, veuve DUPLEIX,	Claude-Thérèse ,		rue de Mirabeau.
CHAVAGNAC MONTECLER, (son épouse)	Louis-Virgile-Agathe-Françoise ,	ex-Capit. de dragons	rue du Cherche-midi.
CHAVAGNAC MONTECLER, (son épouse)	Anne-Henry Frédéric, Henriette-Françoise ,		rue du Cherche-midi.
CHAVAUDON,		ci-dev. Marquis,	rue Maur, fauxbourg Germain.
CHEILUS,	Joseph-Dominique ,		rue Taranne.
CHEMINOT, (de)			rue Neuve des Mathurins.
CHEBRAY,		ex-Abbé ,	au ci-dev. hôtel des Quinze-Vingts, rue de Charenton.
CHENEL,			rue Neuve Egalité.
CHEVALIER, veuve PRESSAC,	Marguerite.		
CHEVALIER , épouse de Charles-Gabriel DE LA RIVIERRE, ex-Vicomte, & de lui séparée de corps,	Marie-Marguerite ,		rue d'Anjou Honoré.
CHIMAY & son épouse,			
CHOISEUIL-MEUSE, (dame)			rue Neuve des Capucines.
CHOISEUIL-GOUFFIER & sa femme.			
CHOISEUIL-D'ARMANTIERES, fils,			rue de Cérutti.
CHOISEUIL-BEAUPRÉ,			rue du fauxbourg du Roule.
CHOISEUIL-STAINVILLE,			rue de Cérutti.
CHOISEUIL-PRASLIN, (femme)		ex Duchesse,	rue de Lille , ci-devant Bourbon.
CHOISIS,			demeurant à Nancy.
CHOPART,			rue des Petites Ecuries du ci-devant roi , fauxb. Denis.
CHOSSON,			rue du Regard.
CHOUARS, (fils)			rue du Puits.

NOMS DE FAMILLE.	PRÉNOMS.	QUALITÉS.	DERNIERS DOMICILES.
CHOURON, (madame de)			rue Guillaume.
CLUGNY, (frères)			
CICÉ, (mademoiselle de)			rue de Sèves.
CICÉ, (madame)			rue de Grenelle.
CIVRAC, (dame)			quai Voltaire.
CLAVINI,			rue Dominique, près le Luxembourg.
CLÉMENT DE BARVILLE & son épouse,		ex-Proc. gén. en la ci-d. C.t des aid. de Paris,	rue d'Enfer Michel, au ci-devant hôtel Vendôme.
CLEREMBOURG, veuve de Claude Julien DU MONÉTAGE,	Marie-Elisabeth,		rue de Lille, ci-devant Bourbon.
CLERGET,		Prêtre,	aux Quinze-Vingts, rue de Charenton.
CLERMONT-TONNERRE,		ex-Evêque, Comte de Châlons sur Marne,	rue du Bacq.
CLERMONT-TONNERRE,		ex-Marquis,	rue du Bacq.
CLERMONT-TONNERRE, & demoiselle BERNARD DE BOULAIN-VILLIERS, son épouse,		ex-Vicomte & Colon. d'infanterie,	rue du Bacq.
CLERMONT-D'AMBOISE,			rue Montolon.
CLERMONT-MONTOISON-PERIGNY,	Anne-Charles,		rue Cassette.
CLOUVAIT,			rue des Bernardins.
COASLIN, (de) madame,			rue & place de la Révolution.
COCHEREL,			rue Neuve des Capucins.
COCHON-DUROSOIRE,	Antoine,	Fermier du ci-d. roi,	rue & porte Honoré.
COETLOSQUET,			rue du fauxbourg Montmartre.
COIGNEUX (le) DE BELABRE,		ex-Marquis,	rue Marc.
COIGNY,			rue Dominique.
COIGNY,		ex-Avocat au ci-dev. Parlement,	petite rue Verte.
COISNON,			rue de la Harpe.
COLBERT-SEIGNELAY,			rue Dominique.
COLBERT-SEIGNELAY,	Louis Jean-Baptiste,		rue de la Planche.
COLBERT DE SEIGNELAY,	Edouard-Victurnin-Charles-Réné,	ci-devant Ambassa-deur à Cologne,	rue Dominique.
COLBERT-MAULEVRIER,		ci-devant Comte,	rue de la Planche.
COLBERT-D'ORSAY,			rue Dominique Germain.
COLON,	Pierre,	Chirurg. du ci-d, Cte. d'Artois,	au Temple.

COMBAULT (de)

NOMS DE FAMILLE.	PRÉNOMS.	QUALITÉS.	DERNIERS DOMICILES.
COMBAULT, (de) mineur,	Charles-Hub.-Philibert.		
COMBAULT, (de) mineur,	Louis-Joseph-Camille.		
CONDORCET,		ex-Député à la Conv. nationale.	
CONFLANS, (dame)		ex-Maréchale,	*rue de Vaugirard.*
CONFLANS,		ex-Maréchal,	*rue de Vaugirard.*
CONSTANT,			*rue de Provence , aux Ecuries d'Orléans.*
CONTADES,			*rue du fauxbourg Honoré.*
CONTY, (madame de)			*rue Dominique.*
CORBERON, (père)		ancien Président,	*rue Barbette.*
CORBERON,			*rue Neuve Pierre.*
CORBERON,			*rue Antoine , au ci-devant hôtel Beauvais.*
CORBON,			*rue Nicolas.*
CORDIER,		Abbé,	*rue du Canivet.*
CORDIER DE LAUNAY,		ex-Intendant de Caen,	*rue Poiffonnière.*
CORDIER,			*rue du Canivet.*
CORDIER DE LAUNAY, (deuxième fils)		Col. du ci-d. régim. Dauphin cavalerie,	*rue de la Madelaine , chez fon père.*
CORDIER DE LAUNAY, (fils)		ci-d. Intend. à Caen,	*rue de la Madelaine.*
CORNET DE CRANUVILLE,	Louis-Henri ,	ex-Capit. au ci-dev. rég. de Cambrefis,	*rue de la Révolution.*
CORNIER, père & fils			*rue Baffe du Rempart.*
COFFER,		Secrét. d'ambaff. du fieur Choifeuil-Gouff. ex-Cte.	*rue Pagevin.*
COSNAC DE LA ROCHEFOUCAULT,		anc. Garde-du-corps.	
COSNAC,		ci-devant Comte.	*rue Maur , fauxbourg Germain.*
COSSÉ, (de)		ci-d. Gr.-Maître des eaux & forêts.	*rue des Bons-Enfans Honoré.*
COSSON DE GIMPS,			
COTTE-RÉVEILLON , fils aîné,			*aux Galeries du Louvre , chez fon père.*
COTTE-RÉVEILLON , fils cadet ,			*aux Galeries du Louvre , chez fon père.*
COUET,		ex-Marquis ;	
COUET-NOURRY,			*de Grenelle Honoré.*
COULMIER, (dame de) veuve MONTAUD,		ci-devant Comteffe ,	*rue & place de la Révolution.*

D

NOMS DE FAMILLE.	PRÉNOMS.	QUALITÉS.	DERNIERS DOMICILES.
COURREGES - D'AGNOSE DE SERRES, (de)	Jean-Marie,	ci-d. Conseil. en la cour de Par'e. Aid. Comptes, Finan. & de Navarre,	demeurant à Pau.
COURTAVELLE, (madame)			rue de Grenelle.
COURTAVELLE, (neveu)		ex-Col. du ci-d. rég. Vivarais,	rue de l'Université, fauxbourg Germain.
COURTAVELLE, (dame)			rue de l'Université, fauxbourg Germain.
COURTEBONNE,			rue Honoré.
COURTEIL,			rue des Lyons.
COURTEMBLAY,			rue du Vieux Colombier.
COURTIN,	François,		rue neuve des Mathurins.
COURTIN,		ex-Garde d'Artois & Chev. de S. Louis,	rue du Sentier.
COURTOIS DE MINUT,		ex-Maît. des requêtes,	rue neuve Catherine.
COUZIÉ,	François.	ci-d. Arch. de Tours,	rue neuve des Augustins, au ci-devant hôtel de Gévres.
CRAIFFORT,		Ecossais,	rue de Clichy.
CRAMFORT,			rue de Cérutti.
CRÉQUI, (de) (madame)			rue d'Anjou.
CRÉQUI,			rue d'Anjou.
CRENAY,			au Luxembourg.
CRENEVILLE,			rue Catherine, place Michel.
CRENOLLES, fils,		ex-Marquis,	rue du Bacq, fauxbourg Germain.
CRENOLLES, (de) père,		ex-Marq. & Lieut.-G.	rue du Bacq.
CRILLON,		ci-devant Comte,	place de la Révolution.
CROI-D'HAVRÉ,			rue de Bourbon.
CROI & MONTENARD, sa femme,			
CROI, (de)		Offic. aux ci-d. Gard. Françaises.	
CROIMARD, (de)		Capit. aux Gard. du corps,	rue d'Artois.
CROISMÈRE,			rue de Cérutti.
CROISSANVILLE,		ncien Mousquetaire,	rue des Tournelles.
CROMOT DE FOUGY,			au Luxembourg.
CROY,			au ci-devant hôtel de Sens, rue de Grenelle.
CRUSSOL,			rue Basse du Rempart.
CRUSSOL-FLORENSAC,		ci-d. Bailli de Malte & Cap. des Gard du ci-d. Cie. d'Artois.	rue de la Pépinière.

NOMS DE FAMILLE.	PRÉNOMS.	QUALITÉS.	DERNIERS DOMICILES.
CRUSSOL D'UZÈS & fa femme,		ex-Duc,	rue Montmartre.
CRUSSOL DE MONTANSIER,	Anne-Marie-André,		rue Pavée, au Marais.
CUSSET, femme,			rue Traverfière.
CUVILLIER,	Jacques,	Homme de loi,	rue du fauxbourg Jacques.
CY, (de) dit FREMIN,		ex-Marquis,	rue de Popincourt.

D.

NOMS DE FAMILLE.	PRÉNOMS.	QUALITÉS.	DERNIERS DOMICILES.
DABBADI,			rue de Grenelle.
DABSAC,			rue de Grenelle Honoré.
DAGOUST,	Louis,	Major des ci-d. Gard. Françaifes,	rue neuve des Mathurins.
DAGOUST,			rue neuve des Petits-Champs.
DAGOUST,		ex-Comte,	rue neuve des Capucins.
DAGOUST,		Evêque de Palmire,	au Louvre.
DAGOUST,		ci-d. Gouverneur de St-Domingue,	quai Malaquais.
DAGOUST,	Antoine-Jean,	ev-Vic. & fous-Aid.-Maj. des ci-d. Gardes-Franç.	au Louvre.
DAINE,			rue Dominique.
DAINSARD,			rue des Marais.
DAIX, (dame)			rue de Sèves.
DAKER-SALLY,		Anglaife.	
DALBANY,			rue de Provence, hôtel de Teluffon.
D'ALIGRE, (fils)	Etienne-Jean-François,		rue de Bondi.
DALLEMANT,		ex-Vicomte,	rue du Bacq.
DALPIL,			rue neuve des Mathurins.
DALTIER, (fils ainé) ci-devant Comte d'Altier,		Colon. du ci-d. rég. Conti,	rue de Jouy.
DALTIER, (fieur)		Major du régiment ci-d. Conti, dragons,	rue de Jouy.
DAMAS, (de)	Charles	ci-devant Comte,	rue du fauxb. Honoré.
DAMAS, (de) dame			rue de Bourgogne.
DAMAS DE FULIGNY, femme GROLIER,			rue de la Pépinière.
DAMAS (de) veuve TAILLERAND-PÉRIGORD,			
DAMASSE,			rue de Choifeuil.

NOMS DE FAMILLE.	PRÉNOMS.	QUALITÉS.	DERNIERS DOMICILES.
Dampierre,		ex-Cheval. de Malte ,	*rue de la Ville-l'Evêque.*
Dandlow, (femme)			*rue du Regard.*
D'Anfrenay Pont-Bellanger, (deux frères)			*rue de la Ville-l'Evêque.*
D'Angivilliers,			*rue de l'Oratoire.*
D'Anglade,		ex-Cte. & Lieut.-col. de Col.-gén. drag.	*rue Boucherat.*
D'Angoulême,		ex-Prin. ci-d. Duc & gr. Prieur de Fran.	
D'Anlezy,			*rue du Cherche-midi.*
D'Anlezy, (femme)			*rue Dominique, au couvent de Bellechasse.*
D'Anteroche,		ex-Ev. de Condon , ex-Dép. de l'Assemb. const.	*rue des Pères , près celle Taranne.*
D'Arambert, (veuve)		ci-dev. Duchesse ,	*rue de la Ville-l'Evêque.*
D'Arancour,			*rue de la Pépinière.*
D'Argecourt,			*quai Voltaire.*
D'Argenteuil,		Chevalier de Malte ,	*rue Mirabeau.*
D'Argenteuil,		Chevalier de Malte ,	*rue du Mont-Blanc.*
D'Argentrée,			*rue de Montignan.*
D'Argentrée.		anc. Ev. de Limoges,	*rue du Paon.*
D'Argentrée,		ancien Ev. de Sèze ,	*rue du Paon.*
Darmant,			*rue du Bacq.*
D'Artois, (madame)			*rue de Bourbon.*
D'Asfelde,			*rue Ferou.*
D'Atilly,			*rue Croix de la Bretonnerie.*
D'Aval, (de) Mondetour		anc. Capit. au régim. de Bourbon ,	*rue de Mirabeau.*
D'Avaray, (les trois fils)			*rue de Grenelle , vis-à-vis Panthemont.*
D'Aubeterre, (femme)			*rue Cassette.*
D'Aubonne de Mézière,			*rue Poissonnière.*
D'Augard,		ex-Cheval. & Offic. de Marine ,	*rue Taranne, mais. du Cte. de Choiseuil, Ev. de Bayeux.*
D'Avieuville,			*rue de Sèves.*
D'Aumont, épouse de Gabriel Neuville de Villeroy,	Jeanne-Louise-Const. ,	ex-Duchesse.	
D'Aunay,			*rue neuve des Mathurins.*
D'Aurillac,			*rue de Sèves.*

D'Aurillac,

NOMS DE FAMILLE.	PRÉNOMS.	QUALITÉS.	DERNIERS DOMICILES.
D'AURILLAC,			*rue d'Enfer.*
D'AURY, (madame)			*rue Dominique.*
DEBATS, (dame)			*rue Blanche.*
DE BERVICQ FITZ-JAMES,		ex-Duc,	*au Louvre.*
D'EGMONT-PIGNATELLY,		ex-Comte & Grand d'Espagne,	*rue des Piques.*
DEHAIR,		ex-Marquis,	*vis-à-vis les Capucins , au Marais, maison d'Ormesson.*
DELAGÉ,			*ci-devant hôtel de la rue de Vrillière.*
DE LA RIATAGNY DE VIGNOLLES,	Charles-Léonard-Eug.		
DE LA ROZIÈRE,			*rue du Bacq.*
DE LA SELLE,			*rue de Cléry.*
DE LEVY,			*rue du fauxbourg Honoré.*
DELEUTRE,			*rue neuve des Bons-Enfans.*
DELMSTAT,	Louis,		*rue du Petit Vaugirard.*
DELORGE,			*rue de Sèves.*
DELORME, épouse d'Ange-François-Charles Bernard ,	Adélaide-Louise ,	ex-Présid. de la ci-d. c. des Aides de Paris,	*rue Marc.*
DE LORRAINE DE LAMBESC,		ex-Prince , Gr. Ecuy. du ci-d. roi ,	*au Carouzel.*
DE MERLE, femme GILBERT DE VOISINS,			*rue d'Enfer.*
DEMESME,	Joseph,	ex-Maréc. de camp, Chef de brigade des Gardes du ci-d. roi.	*rue Dominique , fauxbourg Germain.*
DEMUN, (sieur)	Alexandre ,		
DEMUN,			*rue d'Anjou Honoré.*
DENNERY, (femme)			*rue de Lille , ci-devant Bourbon.*
DEPESTRE DE SENEFFE,		ex-Cᵗᵉ & Banq. à Paris,	*rue Honoré.*
D'ÉPINAY,		ex-Marquis.	
D'ÉPINAY DU LUC,		ex-Marquis ,	*rue d'Enfer.*
DEPINAY SAINT-LUC,	Thimol.-Ant.-François-Louis-Alexandre ,		
DERIEUX,			*rue de Sèves.*
DEROUTE,		ex-Chev. & Maj. du rég. de Bervick , inf. franç.	*rue du f. Honoré , chez la Marée. de Richelieu , sa mère,*
D'ESCARS,		ex-Mᵉ. d'hôtel du ci-d. roi ,	*rue du Bacq.*
D'ESCARS, vᵉ. PARIS DE BRUNOIS,			
DESCLAN,		ex-Chev. & Aide-de-camp de Lafayette ,	*rue neuve du Luxembourg , mais. Eslongeon, ci-d. Marq.*

E

NOMS DE FAMILLE.	PRÉNOMS.	QUALITÉS.	DERNIERS DOMICILES.
DESCHAMPS,	Alexandre,	Chef de brig. des Gardes du ci-d. roi,	rue du fauxbourg du Nord.
DESCLIGNAC, (fieur)	Alexandre,	ex-duc à brevet.	
DESCLIGNAC, (femme)			rue de Grenelle, fauxb. Germain & Dominique.
DESCOUBLEAU DE SOURDIS,	Antoine Réné,	ex-Marquis,	rue de Grenelle, fauxbourg Germain.
DESCUEIL,			rue de Varennes.
DESDORIDES,			rue de Provence.
DESFORGES,		Abbé,	rue du fauxb. Jacques, près celle Dominique.
DESHUILLES ou DESSEVILLE,		ex-Comte,	quai de Choillot.
DESHUILLES,			rue des Batailles.
DESMARAIS, (femme)			rue Pavée.
DESMEUNIERS,			rue Helvétius.
DESMOULINS MERINVILLE,			rue Hilerin-Bertin.
DESMOUTIÈRS,			rue d'Aftorcq.
DESPAING,		ex-Comte,	rue Mirabeau.
DESPART, (fieur & dame)		ex-Comte,	rue Bagneux.
DESPINCHAL, & fon époufe GRANCOURT, (de)	Joseph-Thomas, Louise-Gabrielle,	ex-Comte & Meftre-de-camp,	rue neuve des Mathurins.
DESPITALLIER, veuve d'Alexandre DE BORDIER,	Françoife,		demeurant à Frejus.
DESPRÉ,			rue du Bacq, Miffions étrangères.
DESTEMPES, (ainé)			rue Honoré.
D'ESTHERAZY,		anc. Col. de Huffards,	rue de Bourgogne.
DESTERNOZ,	Charles-Joseph,		rue de Sèves, maifon du citoyen Dacquevilly, en face des Incurables.
D'ESTRÉE DE TRACY & Guirelle-Félicité-Emélie-Louife DUSFORT DE CIVRAC, fon époufe,	Antoine-Louis-Claude,	ex-Comte,	rue neuve Gilles.
DESVIEUX, (les trois frères)		Offic. de cavalerie,	rue des Capucins, ci-devant hôtel de Mathan.
DESVIEUX DUMESNIL,	Louis-François,	ci-d. Ch d'efcadre,	
DETAUNE, (fils)			rue du Cherche midi, chez fa mère, maifon du cit. Joli.
DEVAUX,			rue du Petit-Vaugirard.
DEVIENNE,		ci-d. Offic. de bouche de Monfieur,	rue du Petit-Vaugirard, Petit Luxembourg.
DEVIGNY, (frères)			rue Dominique.
DEVOUET,			rue de l'Egalité.
DEUX-PONTS, femme Douairière,			rue du Regard.

NOMS DE FAMILLE.	PRÉNOMS.	QUALITÉS.	DERNIERS DOMICILES.
DEUX-PONTS,		ex-Comte,	rue du Regard.
DEZERAND,			rue neuve des Mathurins.
D'HALLUYN, (veuve)			
D'HARCOURT,	François Henri,		rue de Grenelle.
D'HARCOURT-BEUVRON,		ex - Marquis,	rue de Grenelle, fauxbourg Germain.
D'HELIAUD,	Henri-Réné,		cloître Honoré.
D'HERMESTAT,			rue Caffette.
D'HERVILLÉ,		Abbé,	rue du Regard.
D'HESNIN, (femme)		ex-Princeffe,	rue de Varennes, fauxbourg-Germain.
D'HOWITY, (dame)			rue Taranne.
D'HUNAUD,	Augufte-François,	ci-d. Comte & Chev. de St.-Louis,	rue du Regard, fauxbourg Germain.
DIÉTRICH,			rue Poiffonnière, fauxbourg Germain.
DILLON,		ex-Archev. de Narb.	rue Dominique Germain.
DILLON, femme de Jacques MARTINVILLE,			rue Trudon, Chauffée d'Antin.
DINVAL, (fils)			place des Piques.
DINVAL, (père)			place des Piques.
DISNAY,			rue d'Anjou Honoré.
DOIZAN, (fieur & dame)		ex-Comte,	boulevard des Invalides, à l'Ecole Militaire.
DOMILIER.			
DOPEDE,		ci-devant Chevalier,	rue du Vieux Colombier.
DORAT,			quai des Miramiones.
DORÇAY,			rue de Varennes.
DORFEUILLE, (femme)			Enclos du Temple.
DORLIAC,		ex-Comte,	rue d'Enfer Michel.
DORMONT,			rue du Bacq.
DOSEZ,		Homme d'affaires de Dumouriez,	rue de Paradis.
DOUDENAS,			rue Poiffonnière.
DOUJET, (femme)			Croix, Chauffée d'Antin.
DOUTREMONT,	François,	ex-Confeiller au ci-d. Parlem. de Paris,	rue des Enfans rouges.
DROUET,			rue de Provence, aux ci-devant Écuries d'Orléans.
DUBARIL, (femme)			rue des Martyrs.

NOMS DE FAMILLE.	PRÉNOMS.	QUALITÉS.	DERNIERS DOMICILES.
DUBOIS,		Domestique.	
DUBOIS, (demoif.) fille maj.			
DUBOIS & fa femme,		Commandant de la garde de Paris,	rue Mêlée.
DUBOIS DE LAMOTTE,			rue du Petit Vaugirard.
DUBOIS DE LAMOTTE & fon époufe,			rue de Tournon.
DUBUCQ DE LONGCHAMP,			cul-de-fac de la rue Notre-Dame des champs.
DUCHAMPS,		Abbé,	rue du fauxbourg Jacques, près celle Dominique.
DU CHASSENET-PUYSEGUR & PICHARD fa femme,	Jacques-Maxime-Paul, Anne-Marg.-Mar.-Adél.		rue de Lille, ci-devant Bourbon.
DUCHEMIN DUBOISSARD,	Yves-Emmanuel,	ci d. Cte. de Boiffy,	rue de Tournon.
DUCOUDRAY,		ex-Marq. de Genlis,	rue des Petits Auguflins.
DUCREIX, femme BRULARD-SILLERY,			rue Dominique, ci-devant couvent de Belle-Chaffe.
DUCRET,	Charles,		rue de Marivaux.
DUCRET, (fils)	Alexis-Charles-Céfar,		rue de Belle-Chaffe.
DUDRENEUX LELONG,		ex-Cte. & Cap. au ci-d. régim. des Gardes,	rue de Provence.
DUDRENEUX LELONG,		ex-Evêque de Rennes.	
DUDRENEUX,			rue Mézière.
DUFAŸEL, (demoifelle)		Penfion. du ci-d. roi, à la Coméd. italienne,	rue Blanche.
DUFFEVEAU,			rue de la Liberté, ci-devant Condé.
DUFOUR DE LISBONNE,	Albert,		rue de l'Arbre fec.
DUFRÈRE,		Abbé,	rue du fauxbourg Jacques.
DUGOULLET, fa femme & fes enfans,		ex-Marquis,	rue Louis.
DUGRAVIER, (femme)			rue Caffette.
DUGUET,		ex-Abbé,	cloître Notre-Dame.
DUHALEY,		ex Marq. & ex-Major des ci-d. Moufq. gris,	rue de Vaugirard.
DULAC, (veuve)			
DULANE-DALMONT,			
DULIN DE LA POMMERANGE,		ex-Garde du ci-dev. Comte d'Artois,	rue de l'Univerfité, au Gros-Caillou.
DULIS,			rue neuve des Mathurins.
DUMAS,		Rég. gén. des fourr.	rue Thévenot.

NOMS DE FAMILLE.	PRÉNOMS.	QUALITÉS.	DERNIERS DOMICILES.
DUMEL DE FERRIÈRE & sa femme,			rue Gilles.
DUMESNIL, (femme)			rue Cassette.
DUMETZ,		ex-Marquis,	cloître Notre-Dame.
DUMETZ,	Claude-Jean-Michel,		
DUMOURIEZ,		ex-Génér. de l'armée du Nord,	rue Marc.
DUMOUTIER,			rue Louis.
DUMOUTIER,		ci-devant Ambassad.	rue de Rochechouard.
DUNEDO,			rue d'Argenteuil.
DUPART,		ex-Comtesse,	rue Bagneux.
DUPART,		ex-Comte,	rue Bagneux.
DUPLAA,			rue Bourbon.
DUPLESSIS-RICHELIEU D'AIGUILLON,	Armand-Desiré,	ex-Duc & ex-constit.	rue de l'Université.
DUPLESSIS-RICHELIEU CHINON,		ex-Marquis,	rue neuve Augustin.
DUPLOTO l'aîné,			rue de Bondy.
DUPONT,			rue de Monsieur.
DUPONT, (femme & son fils)			rue Culture Catherine.
DUPORT,	Adrien-Jean-François,	ex-Dép. à l'ass. const.	rue du Grand-Chantier, au Marais.
DUPORTAIL,	Joseph,	ex-Min. de la guerre,	rue de Cérutti.
DUPRAT,			rue du Bouloy, maison de Courteilles.
DURAND,		Graveur,	rue Jacques de la Boucherie, maison de Mollet.
DURANTON,			rue neuve des Mathurins.
DURAS, (fils)			rue de l'Université.
DURCHY, (dame)			quai Malaquais.
DURÉ DE MEGNIÈRE, veuve GUITTAUD,	Louise-Adélaïde,		rue de la Ville l'Evéque.
DURET DE MOINVILLE,			rue Poissonnière.
DURET DE MOINVILLE-GRIMAUD,	Alphonse-Louis-Bern.		
DUREY,	Alphonse-Louis-Bern.	ex-Chev. Comte de Noainville,	rue Poissonnière.
DURFORT-CIVRAC, femme ÉCQUEVILLE,		Lieutenant-général,	rue du fauxbourg Honoré.
DURFORT, (de)		ci-d. Chevalier,	rue du fauxbourg Honoré.

F

NOMS DE FAMILLE.	PRÉNOMS.	QUALITÉS.	DERNIERS DOMICILES.
DURFORT, (de)		ex-Chevalier,	*Maiſon d'Egalité , Paſſage de la cour des fontaines.*
DURFORT,		ci-d. Amb. de Veniſe,	*rue neuve de Berry.*
DURFORT-CIVRAC, fem. ſéparée de corps, de Charles-Gaſpard CLERMONT-TONNÈRE,	Louiſe-Adelaïde,	ex-Marquiſe ,	*au Luxembourg.*
DURFORT-CIVRAC,	Henri-Emmeri-Venant,		*rue de Varennes.*
DUROSOIR,		Intend. des ſ^r. & d^e. de Chimay.	
DUSAILLANT,			*au ci-dev. hôtel Flamarens , rue de Grenelle fauxb. Ger.*
DUSAUZAY,			*rue neuve du Luxembourg.*
DUCHESLA,			*rue des Petits Auguſtins.*
DUTILLET,		ex-Bailli de Malte ,	*rue neuve Gilles.*
DUTILLETE,	Félix ,		*rue du Sauſſaye.*
DUVAL dit GRANDMAISON,		Comm. du ſ^r. Quidor.	
DUVAL-MARETOSSE, (fils)			*rue Bertin-Poirée.*

E.

NOMS DE FAMILLE.	PRÉNOMS.	QUALITÉS.	DERNIERS DOMICILES.
ECQUEVILLY,			*rue neuve Gilles.*
EON DE CELY, (les deux frères)			*rue d'Enfer , en la Cité.*
EON DE CELY,		ci-d. Evêque d'Apt ,	*rue de Verneuil.*
EPINAY, (d') & ſa femme,			*rue Beaurepaire , ci - d. Sorbonne , maiſon du citoyen Delpeche , homme de loi.*
ETIGNARDS dit BEAUFRE-MONT,			*rue des Deux Ecus.*

F.

NOMS DE FAMILLE.	PRÉNOMS.	QUALITÉS.	DERNIERS DOMICILES.
FACQUET,		Dégraiſſeur ,	*place de la Réunion.*
FALCOS D'HARANCOURT.	Jean.		
FALEZEAUX,			*rue du Doyenné.*
FARCLY, (ſieur)		Abbé ,	*au Collége de Cholet.*
FARCY,			*rue de Vaugirard.*
FAVANTINES, les héritiers du ſieur,		ci-dev. Fermier-gén.	*rue d'Antin.*
FAY DE LATOUR-MAUBOURG,		ex-Marq. & ex Conſt.	*rue de Lille.*
FERRAND, (femme)			*rue des Fédérés.*
FERDINAND,	François-Louis ;	ex-Comte ,	*rue des Mathurins.*
FERDINAND DE ROHAN,		ex-Pr. & Ar. de Camb.	

NOMS DE FAMILLE.	PRÉNOMS.	QUALITÉS.	DERNIERS DOMICILES.
FERON DE LAFERONNAIS,	Paul,	Maréchal de camp,	*fauxbourg Poiffonnière.*
FERRAY, (de)		ci-d. Com. de Malte.	*rue de la Loi, au ci-devant hôtel de Valois.*
FERRIÈRES,			*rue Louis.*
FERRIÈRES, (de)		Propriétaire,	*rue Louis.*
FERRIÈRES, (de)			*rue Barbette.*
FERRON DE LAFERRONNAIS, & fon époufe,		ex-Comte.	
FERSENNE,			*rue du fauxbourg Honoré.*
FÉVILLE, (de)			*rue du Bacq, à la Vifitation.*
FEUILLANT, (dame)			*rue Denis, en la ci-devant abbaye de Chaumont.*
FEUILLANT,			*rue Denis.*
FITZ-GERALD,			*place de la Révolution.*
FITZ-JAMÈS,	Jacques-Charles,		*fous la porte du Louvre, efcalier à gauche, par la place,*
FITZ-JAMES,	Edouard-Henri,		*au Louvre.*
FITZ-JAMES, (dame)		ex-Maréchale,	*rue de Vaugirard.*
FLAVIGNY,			*rue Dominique Germain.*
FLESSELLE,		ci-dev. Sergent aux Gardes-françaifes,	*rue Guifarde.*
FLEURIANT,		ex-Vicomte,	*rue du Doyenné.*
FLEURY,		ci-d. Inftitut. des Orphel. milic. à la cazerne de Popincourt, & ex-Chev.	*rue Notre-Dame des Champs.*
FLEURY-PAWELETTE,		Abbé,	
FONTANGES,			*rue du Bacq.*
FONTAINE DE BIRÉ, fils & demoifelle DE LATTEIGNANT DE BAINVILLE, fon époufe,			*rue du Bacq.*
FONTELLE, frère.			
FORBIN MENIER-OPPÈDE,	Anne-Charles-Marie-Septime,	ex-Chev. de Malte,	*rue Rouffelet, chez fon père.*
FORBIN MENIER-OPPÈDE,	Auguftin-Pierre-Marie-Palamide,	ex-Prêtre,	*au ci-devant collége de Navarre.*
FORCEVILLE, (de)		Propriétaire.	
FOUCAUD,			*rue des pet. Ecur. du ci-d. roi, chez la dame Koly fa mère*
FOUGÈRES, (demoifelle)			*rue de la Planche.*
FOUGIERE, (de)			*rue de la Planche.*
FOULON DE DOUÉ,	Jof.-Pierre-Franç.-Xav.		*place du Carouzel.*
FOULON DES COTIES,			*rue neuve Laurent.*
FOUQUET,			*rue Caumartin.*

NOMS DE FAMILLE.	PRÉNOMS.	QUALITÉS.	DERNIERS DOMICILES.
FOURNAISE,			*rue de Belle-Chasse.*
FOURNEOT,			*rue du Bacq.*
FOURNÈS, (de)		anc. Col. d'inf. député à l'assemblée constit.	*rue de Belle-Chasse.*
FOURNIER,			*rue Taranne, au ci-devant Hôtel de Caylus.*
FOURNIER DE BELLEVUE,			*au coin de la Grille des Invalides.*
FRAGNIER,			*rue Chapon.*
FRANQUETOT DE COIGNY,	Augustin-Gabriel,	ex-Duc & Ecuyer du ci-devant roi,	*rue Nicaise.*
FRANQUETOT DE COIGNY,	Franç.-Marie-Casimir,		*rue de Miroménil.*
FREMONT DU MAZY,	Pierre,	ex-Président du Parlement de Paris,	*rue Maur.*
FREMONT DU MAZY, ve. d'Alexandre LAROCHEFOUCAULT.	Marie-Elisabeth,		*rue Maur.*
FREMONT, veuve BIGOT SAINT SIMON,	Angélique-Urbine,		*rue Aubry-le-Boucher.*
FRERON, (femme)			*rue André des Arts.*
FRISE DE VOISEMONT,			*rue des Fédérés.*
FROMENT,		ex-Curé de S. Jean de S. Denis,	*cloître Notre-Dame.*
FRONDEVILLE,		ex-Député,	*rue du Bacq.*
FUMEL, (de)		ex-Marquis,	*rue des Francs-Bourgeois, au Marais.*
FUMEL,	Louis-Mathieu-Benoît,	ex-Bar. & Mes.-de-camp du rég. ci-d. Artois cav.	*rue Basse du Rempart.*

G.

NOMS DE FAMILLE.	PRÉNOMS.	QUALITÉS.	DERNIERS DOMICILES.
GALARD BEARN-BRASSAC,	Alex.-Réné-Toussaint,		*rue de la Planche, fauxbourg Germain.*
GALIFFET, veuve RICHELIEU,	Marie-Antoinette,	ex-Duchesse,	*rue du fauxbourg Honoré.*
GALIFFET,	Simon-Alexandre-Jean,		*rue du Bacq.*
GALLET DE MONDRAGON,	Jean-Jacques,	ex-Maître d'hôtel du ci-devant roi,	*rue d'Antin.*
GALLET DE MONDRAGON,			*rue des Piques.*
GALLOIS,		ex-Abbé,	*place des Quatre Nations.*
GANAY, (sieur)		ex-Comte,	*à Dijon.*
GAND, (de)			*rue des Pères.*
GAND, (de)		ex-Vicomte,	*rue de Vaugirard, près le Luxembourg.*
GASPARY,	Louis,	ci-d. Chev. de Berval,	*rue de Lille.*
GASSION, veuve de Louis-François DAMAS D'ANLEZY,	Madeleine-Angélique,		*rue de Clichy, & a demeuré à l'hôtel d'Angleterre, rue Montmartre.*

GASTEL, (du)

NOMS DE FAMILLE.	PRÉNOMS.	QUALITÉS.	DERNIERS DOMICILES.
GASTEL, (du)	Charles-Edme-Bonav.		rue Louis , au Marais.
GATIFFET,			rue Hillerin-Bertin.
GEAU, veuve d'Etienne-Noël-Charles GERARD-BROUILLET DE LA CARIERE DE LIVILLE.			
GENTY,		Valet de chambre du ci-dev. roi ,	rue de Vaugirard , au coin de celle Garancière.
GERARD, la demoiselle, dite DUTHÉ,			rue de Mirabeau.
GERICOURT,			demeurant à Berlin.
GERMONT,		Orfèvre ,	rue Dominique , & salle neuve du Palais.
GERVAIS, (fille cadette)			à Saint-Omer.
GESTAS,		ex-Mal. de camp.	rue & place de la Révolution.
GESVRES, (de)		ci-dev. Duchesse ,	rue neuve Augustin.
GILBERT DE VOISINS ,		ex-Présid. à mortier au c. d. parl. de Paris,	rue d'Enfer.
GILBERTES, (de)		ci-devant Comtesse ,	de Grenelle, au ci-devant couvent Panthemont.
GILET,		ci-devant attaché à d'Artois.	
GIRARD,		Sculpteur.	
GIRARD,	Guillaume ,	ex-Procureur au ci-d. Châtelet de Paris,	rue du Gros-Chenêt.
GIRARD,		anc. 1er. Commis au bur. de la liquid.	rue du Sentier.
GIRARDOT DE LASALLE,	Bernard-Louis,		
GLAPION, (fils aîné)	Charles-Franç.-Félix ,		rue de la Harpe.
GLAPION, fils puîné,	Guil.-César-Armand ,		rue de la Harpe.
GODEFROY DE LESSARD,		ex-Garde du corps du ci-devant roi,	rue du Harlay.
GOGUELAY,			rue Pelletier.
GONTAUT, (fils)		ex-Mal. de camp ,	rue des vieilles Tuileries, chez son père.
GONDELARY,			
GOUFFIER, Ve. de Jérôme-Henri de GOUFFIER.	Marie-Franç.-Louise ,		rue Honoré.
GOUJAC DE GARVILLE, (l'aîné)	Pierre-Charl. Auguste	ex-Officier des Cuirassiers ,	rue d'Antin , maison du citoyen Favantines.
GOUJON,		ex-Marq. de Graville,	rue d'Antin.
GOUJON DE GRAVILLE, & son fils déjà porté,			rue d'Antin.
GOULET, (de)		ex-Marquis ,	rue Louis.
GOULET, (de)		ancien Colonel du régiment d'Enghien,	rue des Pères.
GOURCY,			maison du Luxembourg.

G

NOMS DE FAMILLE.	PRÉMOMS.	QUALITÉS.	DERNIERS DOMICILES.
GRAMMONT, (madame de)			rue Dominique.
GRAMMONT, (de)			rue de Bourbon , fauxbourg Germain.
GRAMMONT femme,			rue de Grenelle , aux Carmélites.
GRAMMONT,		ex - Duchesse de la création du Pape ,	rue de l'Université.
GRAND, (femme)			rue de Cérutti.
GRANDVEL,			rue Nicolas.
GRANGE-BLANCHE,			place des Victoires.
GRANVILLE,			rue Nicolas.
GRAVET, (sieur)		Prêtre & Vicaire de S. Nic. des Champs,	rue Mêlée.
GRAVIER DE VERGENNES, (fils aîné)		ci -devant Ambassad. à Coblentz ,	quai Voltaire, au coin de la rue des Augustins.
GRAVIER DE VERGENNES, (veuve)			rue Cassette.
GRAVIER DE VERGENNES,	Louis	ex-Vicomte & Colon. d'infanterie ,	rue des Petits-Augustins.
GRAWFFARD,			rue Jacques.
GREBAN, (fille)	Jeanne-Victoire ,		rue Pot-de-Fer , à la Communauté chrétienne.
GRÉGOIRE DE SAINT-SAUVEUR ,	Jean-Baptiste-Anne ,	Chambellan du ci-d. Comte d'Artois,	rue de Buffault , maison du sieur David.
GREMIAN, (sieurs)	Adrien- Frédéric , Alexandre ,		
GRIMALDI MONACO,	Joseph ,	ci-dev. Prince ,	rue ci-devant Monsieur.
GRIMM,	Frédéric-Melchior,	ex-Baron du S. Emp. Ministre plénipot.	rue du Montblanc.
GRIMUS-BENIL,			rue du Montblanc.
GRINCOURT,			rue de Cérutti.
GRINVILLE, (de)		Abbé ,	au Carouzel.
GROSSIER,			rue de la Pépinière.
GROSSOLLES-FLAMARENS,	Emmanuel-Louis ,	anc. Ev. de Périgueux	rue de Vaugirard.
GROTEBERT DE BAVIERE & la demoiselle BLONDEL, son épouse.			
GROWER,		Lord ,	rue Dominique, au ci-devant hôtel Monaco.
GUEAU DE GRAVILLE DE BOUVERAY,	Gabriel-Jacq.-Nicolas ,		
GUEMENÉE,		ci-dev. Prince.	
GUEROT, (fils)			rue de Tracy.
GUIBERT, (frères)			rue des Postes , vis-à-vis les Eudistes.

NOMS DE FAMILLE.	PRÉNOMS.	QUALITÉS.	DERNIERS DOMICILES.
GUICHE,			*rue de Varennes.*
GUIDON.			
GUIGNARD DE SAINT-PRIEST,	François-Emmanuel,	ancien Miniftre,	*fauxbourg du Roule.*
GUIGNARD DE SAINT-PRIEST fils,			*fauxbourg du Roule.*
GUIGNE,			*rue de Varennes.*
GUILLAUME,			*rue de Seine, fauxbourg Germain.*
GUILLEBERT-GAULTIER DE SAINT-PRIX,			*rue du Figuier Jacques.*
GUILLOT (de) SAINT-AMANT.			
GUIGNE. (de)			
GUINET,		Homme d'affaires du s^r. Monteynard,	*rue des Foffoyeurs.*
GUINGO (de) CRENOLLE,	Anne-Marie-Antoinette de Paris,		*rue du Bacq.*
GUINGUERLOT,			*rue de Berry.*
H.			
HARCOURT,		ci-dev. Comte & Colonel du Commiff.-gén., cav. & ex-Maréchal-de-camp.	*rue de Grenelle Honoré.*
HARCOURT, (d')		ex-Duc & Maréchal de France,	*rue de l'Univerfité.*
HARCOURT-BEUVRON & fa femme,			*rue de Grenelle. fauxbourg Germain.*
HARVILLE-URSIN DE TRESNEL, & aujourd'hui femme du ci-d. Comte PERUSSE-D'ESCARS, ci-d. Maître-d'hôtel du ci-devant Roi,	Marie-Antoin.-Louife-Efprit-Juven.-Claude,	ci-d. Comteffe de Rofcen, veuve d'Eugène-Octave Auguftin, ex-Comte de Rofcen & du Grammont	*rue du Bacq.*
HARVOIN, (femme)			*rue du Bacq.*
HAUTEFEUILLE, (de)			*rue Dominique.*
HEERE,	Jacques-Denis-Aug.	ex-Marquis.	
HENNEQUIN D'ECQUEVILLY,	Armand-François,		*rue neuve Gilles, au Marais.*
HENNERY, (madame de)			*rue ci-devant Bourbon.*
Héritiers de la veuve CABRICE,			*rue du Colombier.*
Héritiers du citoyen CAZOTTE,			*rue Thévenot.*
Héritiers de la femme COLIN,			*rue Mazarine.*
Héritiers de la feue veuve LECOUF-FELET,			*rue des Pères.*
Héritiers de la cit. DECHINFELD MIKENA,			*rue des Petits-Auguftins.*
Hérit. de la feue Maréc. MIREPOIX,			*rue de Grenelle, fauxbourg Germain;*

NOMS DE FAMILLE.	PRÉNOMS.	QUALITÉS.	DERNIERS DOMICILES.
Héritiers du citoyen FLOTTARD DE MONTAGU,		ci - devant Doyen du chap. Notre-Dame ,	cloître Notre Dame.
Héritiers de FOURCY,		ex-Préfident.	
Héritiers de la veuve NORBECK ,			rue de Seine , fauxbourg Germain.
Héritiers LA TRÉMOUILLE ,		ex-Duc ,	rue Avoye.
Héritiers GRIMBERT.			
Héritiers FORCEVILLE ,			rue Simon-le-Franc.
HERVILLY , (fils)			à l'Arfenal.
HESSE ,	Charles,	ex-Lieutenant-gén.	rue des Piques.
HOCQUART ,		ci-dev- Officier aux Gardes ,	rue Grange-Batelière.
HOCQUART DE MONTFERMEIL ,	Jean-Hyacinte-Louis ,	ex-Marquis ,	rue du Mont-Blanc.
HOCQUET ,	Louis-Alexis,		rue Xaintonge , au Marais.
HOCQUET-CARITAS ,			rue Saintonge.
HOUPPEVILLE ,			rue des Fédérés.
HUBERT & fa femme ,			rue des Mathurins.
HUBERT ,		ex-Abbé ,	cloître des ci-devant Bernardins.
HULLMANDEL & fa femme ,	Jofeph-Nicolas ,	Muficien ,	demeurant en Angleterre.
HUMEL ,			rue Bourbon-Villeneuve.
J.			
JALABERT,			rue Montmartre , hôtel de Champagne.
JANIN ,		ex-Procureur ,	rue Avoye.
JANSON ,			rue Guillaume.
JANSON , (fils)		ex-Comte ,	rue Guillaume.
JAUCOURT , (demoifelle)			rue de Babylone.
JAUCOURT , (veuve)			rue de Grenelle.
JAUCOURT ,			cul-de-fac Taitbout , chez le citoyen Bellifle.
JOINVILLE ,			rue Poiffonnière.
JONSAC ,		ex-Comte & Lieut. génér. des armées ,	rue Caumartin.
JOSHN-POLARD ,		Anglais ,	rue de la République.
JOURDAN DE-LAUNAY ,		ex-Chev. de S. Louis, Ecuy. du ci-d. Pr. Conti,	rue de Grenelle Germain.
JOUSSINEAU-TOURDONNET ,	Jofeph-François ,		rue de la Ville-l'Evêque.

NOMS DE FAMILLE.	PRÉNOMS.	QUALITÉS.	DERNIERS DOMICILES.
JOUSSINEAU DE TOURDONNET, femme de Jean-Baptiste-Amédée-Grégoire SAINT-SAUVEUR,	Elifab.-Aug.-Françoife,		rue Honoré.
ISABEAU, (fils)			rue Mazarine, chez fon père.
ISARNE,			à Miaifenbourg, Dift. de Rocroy, départ. des Ardennnes.
JUBERT DE BOUVILLE,	André-Alexis-Gabriel.		
JUIGNÉ,		ex-Archev. de Paris.	
JUIGNÉ, (l'aîné)		ex-Baron,	rue d'Enfer.
JUIGNÉ & fa femme,		ex-Marquis,	quai Malaquais.
JUIGNÉ, (dame de)		ex-Baronne.	
L.			
LABADI,		ci-d. Préfid. au ci-dev. Parlement de Paris,	rue des Capucines.
LABAINTINAYS,		ex-Chev. de Malte,	rue de Taranne, maifon du ci-d. Archev. de Bordeaux.
LABATTE, ci-devant GRAND-COURT,			rue de Cérutty.
LABEDOYÈRE,		ex-Officier de caval.	rue du Petit Bourbon.
LABLINAYE, (de)	Charles,	Maréchal-de-camp,	rue d'Anjou.
LABLINAYE,			rue d'Anjou Honoré.
LABLOTAIS,			rue d'Angoulême.
LABOISSIÈRE DE CHAMBORD,	Louis-Jof.-Jean-Bapt.	ex-Conftituant,	rue des Pères.
LABORDE,		Banquier de la ci-dev. cour.	
LABORDE DE MEREVILLE, (fils)		anc. Garde du ci-dev. tréfor royal,	rue de Cérutty.
LABOURDONNAIS,		ex-Marquis,	rue Trudon.
LABRETINIÈRE.			
LABRIFFE, (de)			rue de Bourbon.
LABRIFFE,	Armand-Paul,		rue du Dauphin, maifon du citoyen Melin.
LABRIFFE,	Henri-Bonavent.-Jean,		rue du ci-devant Dauphin, maifon du citoyen Melin.
LACASE, (femme)		ex Marquife,	rue de la Vrillière, au ci-devant hôtel Penthièvre.
LA CHATRE (de) les deux fils,			rue de l'Univerfité.
LACHÉ DE SAINT-ALBIN, (fille)			rue du Gros-Chenêt.
LACHENAY, (femme)			rue de Tournon, hôtel de Suède.
LACOSTE, (femme)			rue du Mont-Parnaffe.
LACROPTE,	Louis-François-Jofeph,	ex-Vic. de Bourfac,	rue d'Anjou, fauxbourg Honoré.

H

NOMS DE FAMILLE.	PRÉNOMS.	QUALITÉS.	DERNIERS DOMICILES.
LACROIX DE CASTRIES & de ROSSET DE FLEURY, fon époufe,	Charles-Eugène-Gabr. Gabr.-Ifabeau-Thérèfe,	ex-Marquis , Maréch. de France & Minif.	ue de Varennes , fauxbourg Germain.
LACROIX DE CASTRIES, (fils,		ex-Duc & Meftre-de camp gén. de caval.	rue de Varennes , fauxbourg Germain.
LADORNE, femme de Thomas BUISSON,	Henriette ,		rue de la Verrerie.
LAFERONAYE,			rue des Mathurins.
LA FERTÉ, (de)			rue de l'Univerfité.
LA GALAISIÈRE.			
LA GARDE,		Mineur ,	place Vendôme.
LA GOUPILLIÈRE,			rue du Temple.
LA GRANGE, (de)			rue de la Harpe.
LA GROUSSE-VERTEILLEY,			rue de Verneuil.
LA GUICHE,			rue du Regard.
LA GUICHE,		ex-Comte ,	rue du Regard, fauxbourg Germain.
LA GUICHE, (femme)		ex-Ducheffe ,	rue de Varennes.
LAJARD,		ex-Miniftre ,	rue Thevenot.
LAISSEVAL,			rue de Vaugirard.
LALANDE, (de)			rue des Pères.
LALAY, (fils ainé)		anc. Colon. des ci-devant Gren. royaux.	
LALUZERNE, (fieur)	Céfar-Henry ;		rue de Thorigny , au Marais.
LALUSERNE,	Céfar-Guillaume ,	ex-Ev. de Langres ,	rue de Thorigny , au Marais.
LAMASSAY, (de)	Françoife ,		rue de Choifeuil.
LAMAISSAIS,			rue de Choifeuil.
LA MARTELLIÈRE, (fils)			demeurant dans la ci-devant province de Normandie.
LAMBERT,		Maréchal de camp ,	rue Guillaume.
LAMBERT,		ex-Confeiller au ci-d. Parlem. de Paris.	
LAMBERT, (fils)			rue neuve-des-Petits-Champs.
LAMBERT, fils,			rue de Mirabeau.
LAMBERT,			rue Guillaume.
LAMETH, (madame de)			rue de Sèves.
LAMETH,	Alexandre ,	ex-Député ;	cul-de-fac Notre-Dame-des-Champs.
LAMOIGNON, (fils ainé)		ex-Confeiller au ci-d. Parlem. de Paris.	rue de Grenelle , fauxbourg Germain , chez fa mère.
LAMOIGNON, (fils cadet)			rue de Grenelle fauxbourg Germain , chez fa mère.

NOMS DE FAMILLE.	PRÉNOMS.	QUALITÉS.	DERNIERS DOMICILES.
LAMOIGNON, (troifième fils)		fans état,	rue de Grenelle Germain, chez fa mère.
LANCELOT-TURPIN,			place de l'Indivifibilité.
LANGEAC, (de)			rue Caffette.
LANGERON,		ci-devant Comteffe,	fauxbourg Honoré.
LAQUESNOY,		ex-Curé du Temple.	
LAQUEUILLE,			rue de Babylone.
LARGEAU DELAUNAY, (un des héritiers)			rue & isle Louis.
LARIANDERIE, (fieur)		Officier aux Gardes,	rue du fauxbourg Montmartre.
LARRIATIGNY VIGNOLLES,			rue du Mont-Blanc.
LARIATIGNY, femme VIGNOLLES,			rue du Mont-Blanc.
LARIÈRE, (femme)			rue de Verneuil.
LARIVIERRE, (madame de)			rue d'Anjou.
LARIVIERRE,	Henri-Charles-Marie,	ex-Comte & Offic. à la fuite de l'armée,	rue d'Anjou, fauxbourg Honoré, chez fa mère.
LAROCHE (de) DERAMBURE, veuve LIGNY,			rue du Bacq.
LAROCHEBLANCHE,			rue des Pères.
LA ROCHEFOUCAULT SURGÈRES,			rue de Varennes.
LA ROCHEFOUCAULT, femme ROBECQ,		ex-Princeffe,	rue du Regard, fauxbourg Germain.
LA ROCHEFOUCAULT LIANCOURT,		ex-Duc & Gr. Mre. de la garde-rob. du c. roi,	rue de Varennes, fauxbourg Germain.
LA ROCHEFOUCAULT BAYERS,			rue de Vaugirard.
LA ROCHEFOUCAULT COUSANGES. (femme)			rue du Bacq, au ci-devant couvent de la Vifitation.
LA ROCHEFOUCAULT (de)	Dominique,	ex-Archev. de Rouen, ex Abbé de Cluny & Conf. d'hon. au c. parl. de Paris,	rue des Pères, ci-devant hôtel de Pons.
LA ROCHELAMBERT dit LAVALETTE,		ci-d. Gentilhom. de la ci-d. Prin. de Condé,	rue du ci-devant Monfieur, & depuis 1790, à Iffoire, département du Puy-de-Dôme.
LA ROCHELAMBERT, (fils)			rue Dominique.
LA ROCHEYMOND,			cour du tribunal de l'Abbaye.
LA ROMAGÈRE DE RONCERY, (femme)			rue Guillaume.
LA ROSIÈRE,			rue du Bacq.
LASALLE,			rue du Bacq.

NOMS DE FAMILLE.	PRÉNOMS.	QUALITÉS.	DERNIERS DOMICILES.
LA SALLE & son épouse,		ci-devant Command. de Strasbourg,	rue de Grenelle.
LASCAS, (sieur)			rue de la Vrillerie , au ci-devant hôtel Penthièvre.
LASSENIS, (femme)			rue de l'Université.
LASTIC, (femme)			rue de Vaugirard.
LASTOURS & Marie-Flore-Aglaé LANGLOIS DE COURCELLE, son épouse,	Charles-Benoit-David,		rue du fauxbourg Honoré.
LASUSE, (de)	Catherine-Louise,		rue de Varennes.
LATAN, (de)			rue de l'Égalité.
LATOISON DE ROSEBLANCHE,			rue des Pères.
LA TREMOUILLE,		ex-Duc & Pair,	rue Dominique , fauxbourg Germain.
LA TREMOUILLE,		ci-devant Abbé,	rue Dominique , fauxbourg Germain.
LAVAL MONTMORENCY, (fils)		ex-Comte,	rue Notre-Dame-des-Champs , chez son père.
LAVAL MONTMORENCY,	Louis-Joseph,	ex-Evêque de Metz,	rue de Tournon.
LAVAL, (de)	Anne,		boulevard du Mont-Parnasse.
LAVAL MONTMORENCY,			section du Mont-Blanc , dans un cul-de-sac.
LAVALETTE, (de)			rue Roque-Épine.
LAVAUGUYON,			au petit Luxembourg.
LAVAUGUYON femme,		ex-Duchesse ,	rue de Tournon.
LAVERVALE.			
LAVIEUVILLE, (de)			rue neuve Notre-Dame-des-Victoires.
LAVOIPIERRE,			rue Villedot.
LAUMONIER,		ex-Commiss. de Police , au ci-dev. Chât. de Paris,	rue Bertin-Poirée.
LAUNAY, (de)			rue de Lancry.
LAUNAY DE BOURDELOT & sa femme,			rue de Lancry.
LAURE, (de)			aux Grands-Augustins.
LAURENT dame DE VILLEDEUIL,			place des Fédérés.
LAURENT DE MAZADE,			rue Mêlée.
LAURENT,			rue Pierre , au Pont-aux-Choux.
LAUTREC,			quai de Voltaire.

LAWOUSTINE ,

NOMS DE FAMILLE.	PRÉNOMS.	QUALITÉS.	DERNIERS DOMICILES.
LAWOUSTINE,		ex-Capit. des Gardes du ci-dev. duc d'Orléans,	au ci-devant Palais-Royal.
LEBACLE D'ARGENTEUIL,			rue de Thorigny.
LEBACLE D'ARGENTEUIL,	Henri-Louis-François-Philippe.		
LEBAS DUPLESSIS,		ex-Capit. des ci dev. Gardes-Françaifes.	rue Louis, au Marais.
LEBLANC,		ex-Chan. de l'égl. col. de Nantes,	demeurant à Nantes.
LEBLANC,		Secrét. du ci-devant Prince de Poix,	rue Apoline.
LEBLANC,	Antoine-Louis,	ex-Chan. de la ci-dev. églife de Nantes,	demeurant à Nantes.
LEBRUN,		March. de tableaux,	rue de Clery.
LEBRUN,			rue d'Argenteuil.
LE CAMUS, (fille)			rue Paul, cloître Louis.
LE CAMUS,	Anne-Génevieve.		
LECHANTEUR,	Audit. des comptes,		place ci-devant Royale.
LECHANTEUR fils,	Confeiller au ci-dev. Parlement de Paris,		place ci-devant Royale.
LECHASSIÉR,		ex-Confeiller,	rue Anaftafe.
LE CLERC DE FLEURIGNY.			
LECLERC,			rue du Battoir, hôtel de Batavia, maif. du cit. Monin.
LECLERC DE LESSEVILLE,	Anne-Charles-Guil.	ex-Confeiller au ci-d. parlem. de Paris,	rue & Ifle Louis.
LECLERC,			rue du Théâtre Français.
LECLERC,	Marie-Anne.		
LE COIGNEUX DE BELABRE,		ex-Marquis,	rue Marc.
LE COINTRE,		anc. Officier du gren. à fel.	
LECOMTE,		ex-Confeil. au ci-d. fiége & Préfid. de la Rochelle,	demeurant à la Rochelle.
Le Conful général d'Efp. en France,			rue de Choifeuil.
LECOQ,			rue Lazare.
LECORS,	Alexandre,	ex-Capit. dans l'Inde,	rue Honoré.
LECOURTOIS DE MEZIÈRE,		Ecuyer du ci-devant Monfieur,	rue Paradis.
LE COUTURIER,			rue Bordet, au Collége Boncourt.
LECRÉQUY,			rue d'Anjou fauxbourg Honoré.
LEDOULX,	Auguftin,	ex-Chan. de la ci-dev. cathédr. d'Evreux,	
LEDOULX,	Claude,	ex-Chan. de la ci-dev. cathédr. d'Evreux,	
LEDREUX,		ex-Procur. au ci-dev. Châtelet de Paris,	rue Paradis.

I

NOMS DE FAMILLE.	PRÉNOMS.	QUALITÉS.	DERNIERS DOMICILES.
Leduc,			rue Beautreillis.
Lefevre d'Amécourt,	ex-Conseil. au ci-dev. parlement de Paris,		rue de l'Université.
Leger,			rue Mignon.
Legrand,	Nicolas-Julien,	Cuisin. du sieur Diodati, Min. plénip. du Duc de Mecklembourg,	rue Pelletier.
Legris,	Jacques,	Admin. des domaines du c. Duc d'Orléans,	rue des Moulins.
Lelair (fils) de Vieuville,		ex-Marquis,	rue Grange-Batelière.
Le Mercier,		Abbé.	
Le Mercier de Chatellon,			cul-de-sac Hyacinthe.
Le Noble,			à Montmartre, près le moulin de la Mette.
Lenoir,		anc. Lieut. de police,	à la ci-devant Bibliothèque du roi.
Lenoir Dubreuil,			rue Montmartre.
Lenormand d'Aubonne,			rue Poissonnière.
Lenormand de Villers,		ex-Cap. de cavalerie,	fauxbourg Poissonnière, chez feu son père.
Léon,		Tapissier,	rue des petits Augustins.
Léon de Montmorency & son ép.			
Lepaige,	Adrien-Marie-Louis,	Offic. de drag. au ci-d. régiment d'Artois,	au ci-devant enclos du Temple, maison de son père.
Le Pelletier, (madame)		ex-Comtesse,	rue du Parc ci-devant Royal.
Le Pelletier,		Officier de cavalerie,	cloître des Bernardins, maison du citoyen Fumé.
L'Epineau femme Balleroy, (demoiselle de)	Adelaïde-Sophie,	le sr. Balleroy lieut. g	rue de la Planche, fauxbourg Germain.
L'Epineau (de) dame Balleroy,		ex-Comtesse,	rue Thérèse.
L'Epinay,	Saint-Luc,		rue d'Enfer.
L'Epinay, (de)	Robert.		
Le Prêtre de Chateaugiron, (les frères)			rue du Parc ci-devant Royal.
Lerebourgs, fils aîné,		ex-Avocat-gén. de la ci-d. Cour des Aides,	rue d'Enfer Michel, au ci-dev. hôtel Vendôme.
Lerebours,		ex-Président au ci-d. Parlement de Paris,	rue d'Enfer, au ci-dev. hôtel Vendôme.
Lerivel (de) Valrohier,		ex-Audit. des comptes	cul-de-sac Dominique.
Leroideville,			rue neuve des Mathurins.
Lescalopier,		ex-Conseiller au ci-d. parlem. de Paris,	place des Fédérés.
Lescars, sieur			rue de la Vrillerie, au ci-devant hôtel Penthièvre.

NOMS DE FAMILLE.	PRÉNOMS.	QUALITÉS.	DERNIERS DOMICILES.
Le Seine des Maisons,			rue des Enfans rouges.
Lespart, (de) femme,			rue Papillon.
Les enfans du sr. Laurent de Villedeuil,		ex-Ministre ,	place des Fédérés.
Les enfans de Geslin de Boutin, héritiers en partie de la dame Bouillerot.			
Lisieur,	Barbe,		rue des fossés Montmartre.
Les tantes du ci-devant Roi ,		ci-d. Dames de Fran.	au ci-dev. palais des Tuileries.
Lestoré, (femme)			rue des Poitevins.
Lestrade,			rue d'Anjou, passage de Bleil.
Letang. (de)			
Letellier veuve de Louvois ,		ex-Marquise ,	grande rue du fauxbourg Honoré.
Leternay ,		ex-Député ,	rue Barbette.
Letonnellier de Breteuil,		ex-Baron & Ministre,	rue du ci-dev. Dauphin.
Letourneur, (sieur & dame)	Antoine Pierre , Marie-Madeleine ,	Maréchal de camp ,	rue de Paradis , au Marais.
Le Vasseur, (demoiselle)			rue de Provence.
Le Vavasseur, (dame)			rue ci-dev. Bergère.
l'Evêque de Laon,			aux Ecuries d'Artois.
Levis, (de)	Guy-Hen.-Jos. Thérèse,	ex-Comte ,	rue du fauxbourg Honoré.
Leutre, (de)			rue neuve des bons Enfans.
Lezeau ,			rue de Savoie, au coin de celle des Augustins.
Lienard,		Chev. de S. Louis, Offic. de la garde nationale,	rue Montorgueil.
Liger ,		Prêtre ,	rue Mignon.
Ligny ,			rue du Bacq.
Lillery Buville, l'aîné,			rue Grange Batelière.
Limon, (frères)		l'aîné est Abbé, & le cad. étoit Contrôleur de la maison d'Orléans ,	rue Gaillon.
Lindezé,	Gabriel,		rue neuve des Mathurins.
l'Infantado, (dame de)		ex-Duchesse ,	rue Florentin.
Linières, (de)		ex - Marquis & Chef d'escadre ,	hôtel de Marigny , place du Louvre.
Livarot,			rue neuve des Mathurins.
Longaunay,			rue de l'Université.
Lorraine, ve. Brionne, (fem. de)		ex-Comtesse ,	rue du Carouzel.

NOMS DE FAMILLE.	PRÉNOMS.	QUALITÉS.	DERNIERS DOMICILES.
LORRAINE VAUDEMONT,		ex-Prince,	rue de l'Université.
LORRAINE fem. VAUDREMONT,			au Carouzel.
LORDA,		ex-Marquise,	au Luxembourg.
LORDAT. (de)			
LORIMIER (de) CHAMILLY,	Chriſtophe,		rue neuve des Mathurins.
LOSTENGE, (femme)			rue de la Madeleine de la ville-l'Evêque.
LOUIS-ANTOINE,		Prince français.	
LOVENDAL, (de)			rue du fauxbourg Montmartre.
LUBERSAC,		ex- Ev.de Chartres,	rue Thomas du Louvre.
LUBERSAC,			rue de l'Université.
LUGEAC,			rue Garancière.
LUSIGNAN LUXEMBOURG,			rue Dominique.
LUSIGNAN, (femme)		ex-Comteſſe,	rue Marc.
LUXEMBOURG, (de)			rue Chantereine.
LUXEMBOURG, (de)			rue ci-devant Bourbon.
LUXEMBOURG, (de)			Champs-Elyſées, près la rue Matignon.
LUXEMBOURG,			rue de Varennes.
LUXEMBOURG.			
LUZIGNAN,			place des Piques.
LUZINNES, (de)		Abbé,	cul-de-ſac Notre-Dame des Champs.

M.

NOMS DE FAMILLE.	PRÉNOMS.	QUALITÉS.	DERNIERS DOMICILES.
MACHETTE,		ex-Curé de Bagnolet.	
MAGON DE LALANDE,			rue de la Michaudière.
MAHONI, (ſieur & dame)			rue de Mirabeau.
MAILLEBOIS, veuve,		ex-Comteſſe,	rue de Grenelle fauxbourg Germain.
MAILLY. (dame & fils)			
MAILLY, fils,	Anſelme-Louis-Gabr.-Martial,		rue de l'Université.
MAILLY DE NESLES,		ex-Marq. & 1er. Ecuyer de la fem. du ci-d. Monſieur,	rue de Beaune.
MAISONFORT, (de)			rue Catherine.
MAKLOT,		ex-Baron.	
MALETTE,			rue d'Anjou, paſſage du Bleil.

MALHERBE,

NOMS DE FAMILLE.	PRÉNOMS.	QUALITÉS.	DERNIERS DOMICILES.
MALHERBE,			rue des Enfans rouges.
MALLET DUPAN,		Journaliste ,	rue de Tournon.
MALLET,	Joseph-Henri ,		rue d'Anjou Honoré.
MALOUETE,	Victor-Pierre ,	Médecin ,	quai Malaquais.
MANCINI, veuve de Louis-Hercule-Timoléon Cossé-Brissac , ex-Duc & Gouverneur de Paris ,	Adelaïde-Diane, Hortense-Délie ,		rue de Grenelle, fauxbourg Germain.
MANNEVILLE, (sieur & dame) & plusieurs enfans ,	Gabriël-François ,	anc. Offic. aux gardes,	rue Louis.
MANSSION,			rue des Mathurins.
MARBŒUF, (veuve)			rue de Grenelle.
MARBŒUF,		ex-Archev. de Lyon ,	au ci-dev. Palais abbatial de l'abbaye Germain.
MARCHAND,		ex-Fermier-général ,	rue Louis , au Marais.
MARCIEU, (de)		ex-Comte ,	rue Maur, fauxbourg Germain.
MARCONNAY,			rue Poissonnière.
MARCONNET, (madame de)			quai Chaillot.
MARCONNET,			rue neuve Eustache.
MARLET,	Bernard ,	ex Relig. Feuillant.	
MARMIÉ, (femme)			rue neuve des Mathurins.
MARNIÈRE DE GUER,	Julien-Hyacinte-Anne.		
MANNEVILLE, de (sieur & dame)			rue du Croissant.
MAROLLES, (dame)			rue d'Orléans au Marais.
MARSAN, (de)			rue neuve Augustin.
MARSILLY, (madame de)			rue Antoine.
MARTIGNÉ,			rue du fauxbourg Montmartre.
MARTIGNY & son neveu.			
MARTIN, (femme)			rue Taranne.
MARTINEAU,		anc. Curé de Vaugir.	rue Simon-le-franc.
MARTINI,			rue neuve Eustache.
MARTINIÈRE, (de la) sieur,			rue de la Harpe , au ci-dev. Collège Bayeux.
MARTINVILLE, (demoiselles)			rue neuve des Mathurins.
MASSÉ,			rue Mouffetard.

NOMS DE FAMILLE.	PRÉNOMS.	QUALITÉS.	DERNIERS DOMICILES.
Masson,	André	Aide-de-camp de l'ex-Général Lafayette,	rue du Mail.
Masson, (dame) femme de Louis-Charl.-Franç. De Paul de Barenin, ex-Garde des sceaux de France,			
Mathan, (de)		ex-Marquis,	rue des Sauffayes.
Maubec,		ex-Comte, & lieut.-g. des Arm. du ci-d. roi,	rue des Francs-Bourgeois, au Marais.
Maupas, (le neveu)	Edme-François,		rue de Seine Germain , n°. 101.
Maupeoux, (de)	Louis Charles-Alex.		rue de l'Université.
Maupeoux fils,			rue Poiffonnière.
Maurice,			rue de Mirabeau.
Maurice,			rue Nicolas.
Mauroy,		ex-Marq. & Maréch. de camp,	rue du Bacq.
Mauroy, (de)			rue du Bacq.
Maury, (de)		ex-Vicomte,	rue des Pères.
Maury,		ex-Abbé & ex-Conft.	hôtel Conty.
Maury,			rue neuve Augustin.
May, (femme)			rue Taitbout.
Mayard.			
Mayer, (fem.) épouse de Felix Mayer,			rue des Sans-culottes.
Mazerolles, (de)			fauxbourg Jacques.
Mazincourt, (madame de)			rue de l'Université.
Megrigny,		ex-Marquis,	rue de l'Université.
Meignard de Lavaupalière,	Charles-Etienne,		rue du fauxbourg Honoré.
Melan, (veuve)			rue neuve Augustin.
Melat,		ex-Comte,	rue du petit Vaugirard.
Melette, (fieur & dame de)			rue Baffe du Rempart.
Ménissier,	Jacques-Louis,		rue Poiffonnière.
Menou, (fieur & dame)			rue neuve François.
Menou,			rue ci-devant Royale.
Meranges,	Jacq.-François-Martin,	ex-Capit. au régim de la Fère, infanterie.	
Mercy d'Argentan,		ex-Evêque de Luçon,	rue Grange-Batelière.
Mercy			rue Louis , au Marais.

NOMS DE FAMILLE.	PRÉMOMS.	QUALITÉS.	DERNIERS DOMICILES.
MESAY,			rue de Vaugirard.
MESLAN, (femme)			rue neuve Augustin.
MESNARD,		ex-Chevalier,	demeurant au Luxembourg, chez la dame Balby, sa belle-sœur.
MESNARD DE TOUCHEPRÉS,			rue d'Angoulême.
MESNARD,		ex-Capit. des Gard. de la porte de ci-d. Monsieur,	demeurant au Luxembourg, chez la dame Balby, sa belle-sœur.
MEZIÈRES		ci-d. Ecuyer de Louis-Stanislas-Xavier,	rue Paradis.
MICOIN (de) MELICANT.			
MILLET dit D'ARVILLARD,		ex-Abbé,	rue du Regard, fauxbourg Germain.
MILLEVILLE & sa femme,			rue du Temple.
MILIOTTY,			ci-dev. hotel de Soubise.
MINERVILLE,			rue du Grand Chantier.
MIOMANDIE DE SAINTE-PARDÈRE,	Pierre-Joseph,	ex - Commissaire au ci-devant Conseil,	rue du Four Honoré.
MIOMANDRE DE CHATEAU-NEUF,		ex-Marquis,	rue ci-dev. Louis, au Marais.
MIONS,			rue de Bondy.
MIRAMONT, (de)			rue de Vaugirard.
MIRAMONT,		ex-Marquis,	rue de Vaugirard.
MIRAN, (dame de) ci - devant demoiselle DESELLES,		ex-Marquise.	
MIRAN.			
MIREPOIX, (dame) décédée émigrée,		ex-Maréchale.	
MITON GONAILLY,			rue de Bellefond.
MODÈNE, (de)			au Luxembourg.
MOGES,		ex-Vicomte	rue du fauxbourg Honoré, au coin de la rue Verte.
MOLLERET,			à la ci-dev Sorbonne.
MOMERRA,	Bruno,		à la ci-dev. Sorbonne.
MONACO, (dame de)		ex-Princesse,	ue Dominique, fauxbourg Germain.
MONDESIR,			rue des Quatre Fils, près celle du Grand Chantier.
MONDETOUR,		ex-Chevalier	rue du Mont-Blanc, au coin de celle des Capucines.
MONETAY, (veuve)			rue de Lille, ci-dev. Bourbon.
MONNDESTES, (femme)			rue de Berry.

NOMS DE FAMILLE.	PRÉNOMS.	QUALITÉS.	DERNIERS DOMICILES.
MONSIEUR, frère du ci-devant Roi,	Louis-Stanislas-Xavier,	Prince Français,	rue de Monsieur.
MONSOREAU & la dame de NAN-TOUILLET, son épouse,		ex-Marquis,	rue neuve Augustin.
MONTAGNAC,			rue Dominique.
MONTAGNE,	Antoine-Joseph,		rue du Montblanc.
MONTAIGU,			rue de Mirabeau.
MONTAIGU (de) BONNE,			rue Chantereine.
MONTAMY, (deux frères)		l'un Officier au régim. de Chartres, l'autre Capit. de vaisseaux,	rue Ferou.
MONTBAREY & sa femme,		ex-Prince & ex-Minis.	demeurant à l'Arsenal.
MONTBAREY DE SAINT-MAU-RICE & sa femme,		ex-Prince,	à l'Arsenal.
MONTBAZON, (de)			rue de la Planche.
MONTBISE DE CORDOUAN.			
MONTBOISIER,			rue de Verneuil.
MONTBOISIER & sa femme,			rue de Richelieu.
MONTBOISSIER,	Charles-Philippe,		rue de Verneuil.
MONTDRAGON, GALLET RAVEAU, deuxième fils de GAL-LET, fils aîné,			
MONTECLERC, (de)		ex-Marq. & Brigadier des arm. du ci-d. roi,	rue du Cherche-midi.
MONTESQUIOU,	Anne Pierre,	ex-Constit. & 1er. Ecuyer de ci-d. Monsieur, frère du ci-d. roi, & ex-Command. de l'arm. du midi,	rue de l'Université, près celle du Bacq.
MONTESQUIOU,		Prêtre & Agent du ci-d. Clergé & ex-Constit.	rue des Rosiers, fauxbourg Germain.
MONTESSON. (de)			
MONTESSUY,		ci-d. Caissier des états de Languedoc,	rue neuve des Mathurins.
MONTEYNARD, (femme)			rue de Lille, maison du sieur d'Autihamps.
MONTFERMEIL,			rue de Mirabeau.
MONTHION, (de)		ci-dev. Conseillier,	rue de Grenelle, n°. 364.
MONTILLET,		ex-Maréch. de camp,	rue Avoye.
MONTLÉARD, (sieur de)		ex-Comte,	rue Mêlée.
MONTMELAS & Marguerite-Cather HAYNAULT, son épouse,	Blaise-Azode,	Brigadier des armées du roi,	fauxbourg Honoré.
MONTMIRAIL, (veuve)	Charlotte-Bénigne,		rue du Cherche-midi, au Couvent du Cherche-midi.

MONTMOR, (de)

NOMS DE FAMILLE.	PRÉNOMS.	QUALITÉS.	DERNIERS DOMICILES.
MONTMOR, (de) & Marie-Marc de GUITTAUD, sa femme.	Armand,		rue de la Ville-l'Evêque.
MONTMORENCY, (Mde. de)	Louise,		rue de Bourbon.
MONTMORENCY.	Louis-Adelaïde-Aune. Joseph,		
MONTMORENCY LAVAL,			rue du Mont-Parnasse.
MONTMORENCY LUXEMBOURG TINGRY, ve. MONTMORENCY,	Louise-Pauline-Franç.		
MONTMORENCY ROBECQ,			rue du Regard.
MONTMORENCY MORBECQ,			rue du Regard.
MONTMORENCY,		ex-Baronne,	rue de la Révolution.
MONTMORENCY,		ex-Duc,	rue Marc.
MONTOT,			demeurant à Angoulême.
MONTREGARD, (père & fils)			rue de Lille.
MONTREUIL,			Enclos du Temple.
MONTSABERT, (de)			rue Michel Lepelletier.
MONY,			rue Dominique.
MORANGIÉ.			
MORDAN DE MASSIAC & DE BONGARDE, son épouse,		ex-Marquis & Capit. de vaisseaux,	place des Victoires nationales.
MOREL,		Géographe,	rue du Chantre, maison du Serrurier.
MOREL,			rue Pierre, Section de Guillaume Tell.
MORTEMART,			rue Guillaume.
MORTIER,	Jean,	ex-Prêtre de N.Dame.	
MOTTIER,	Roch-Paul-Yves-Gilb.-Marie-Joseph,	ex-Commandant-gén.	rue de Bourbon, hôtel de Lafayette.
MOUTHIER (de) MAIRINVILLE & sa femme,			rue Hillerin-Bertin.
MOYRIAC, (dame de)		ex-Baronne,	rue de la Bourbe, couvent du Port-royal.
MOZARD,			rue de Grenelle, fauxbourg Germain.
MUGUES,			rue de l'Université.
MURETTE,			rue Honoré.
MUSELIÈRE D'OISANT & sa femme,		ex-Comte,	boulevard des Invalides, à l'École militaire, maison du citoyen Rognan.
MUZY, femme VALIN,			rue des Poitevins,

L

NOMS DE FAMILLE.	PRÉNOMS.	QUALITÉS.	DERNIERS DOMICILES.
N.			
NADAILLAC,			rue des Francs-Bourgeois.
NAU *dit* MANDEVILLE,			qaui de la Mégifferie.
NANTOUILLET, (fils & fa fem.)			rue neuve Auguftin.
NANTOUILLET, (de) mère,			rue neuve Auguftin.
NANTOUILLET, (père)			rue neuve Auguftin.
NARBONNE, (fieur & dame de)			rue de Provence.
NARBONNE-FRIZE-LARD,			rue Paradis, maifon du citoyen Arnoud.
NARBONNE, (de)		ex-Miniftre,	rue neuve des Capucines.
NARBONNE, (de)		ex-Abbé,	rue Louis au Marais.
NARBONNE,			rue de Varennes, au ci-dev. hôtel de Monaco.
NAUZIÈRE THAIMINES,	Alexandre-Amédée,	ex-Evêque de Blois.	
NECKER,	Jacques,	ex-Miniftre,	rue du Montblanc.
NECTINE, femme de CALONNE, ex-Miniftre,	Anne-Rofe-Jofeph.		
NENNET,			à Pontoife.
NESLES, (de)		Ecuyer de Mefdames,	rue de Beaune.
NEUILLY, (veuve de)			rue Caffette.
NEUVILLE, (de)	Paul,	Directeur des bureaux de la marque d'or & d'arg.	en Angleterre.
NICAUD,	Jofeph,	ex-Mal. de France,	rue des Fontaines.
NICOLAÏ, veuve, (madame)		ex-Marquis,	rue Louis le Grand.
NICOLAÏ,			place des Fédérés.
NOAILLES, (fils cadet)	Louis,		rue de l'Univerfité.
NOAILLES,		ex-Comte,	rue de Cérutti.
NOÉ,			rue neuve des Mathurins.
NOEL,	Michel,	Domeftique d'Aliot de Muffey,	rue neuve des Mathurins.
NOEL,		ex-Confeiller au-ci-vant Parlement.	
NOMPARD CUAMONT DE LAFORCE & dlle. D'OSSUN, fon ép.			rue de Grenelle Germain.
NOUÉ,		ex-Comte,	rue Plumet.
NOUETTE,	Claude-Guy,	ex-Confeiller au ci-d. Parlement,	rue ci-dev. Royale.
NOZELLE,			maifon de l'Égalité.

NOMS DE FAMILLE.	PRÉNOMS.	QUALITÉS.	DERNIERS DOMICILES.
O.			
OLIVIER, (madame)			*rue de la Ville-l'Evêque.*
P.			
PAJOT,			*rue Dominique.*
PALME D'EPAING, (de)	Maréchal-de-camp,	Louis-Philip.-Marie,	*rue de Mirabeau.*
PANGE, (fieur & dame de)		ex-Marq. & Colon. en fe-cond des Huff. de Berch.	*rue des Pères.*
PANSERMONT,		ex-Curé de Sulpice,	*rue Caffette.*
PAPIN,	Pierre-François,	ex-Chan. & grand-Pénit. de la ci-dev. églife N. D.	*cloître Notre-Dame.*
PAPIN, fille majeure,	Marie-Françoife,		*rue du vieux Colombier.*
PARDIEUX, (fieur & dame)			*rue neuve du Luxembourg.*
PARIS D'HILLENS,		Maréchal de camp,	*rue des vieilles Audrietes.*
PARIS LABROSSE,	Anne-Franç.-Alexis,	ex-Préfid. de la cham. des comp. de Paris,	*rue de Vendôme.*
PARIS, (demoifelle) femme du fils de CRENOLLES,		ex-Marquis,	*rue du Bacq.*
PARIS BERNARD, (femme)	Anne,		*rue Taitbout.*
PARSILLY, femme,			*rue Antoine, chez le citoyen Morin, Notaire.*
Partie des héritiers de la cit. BOU-LANGER, vᵉ. CHARPENTIER,			*quai de la Liberté.*
Partie des héritiers du fieur PINEAU DE VIENAY,			*rue Taranne.*
PASTRE, vᵉ. du fieur MELAN,	Victoire-Adelaïde.		
PATU. (demoifelle)			
PATY DE BELLEGARDE.			
PAULO, les héritiers dudit fieur,		Conful d'Efpagne en France.	
PAULY, (demoifelle de)			*rue de Vaugirard.*
PECHEUR D'AUDEVILLE,			*rue Poiffonnière.*
PECHEUX,			*rue de l'Échiquier.*
PELLÉ, (femme)			*rue Croix de la Bretonnerie.*
PELLOT TREVIÈRES, (fils & fa femme)			*rue de Seine, fauxbourg Germain.*
PELTIER,			*rue des Capucines.*
PERCHICOT,			*maifon de l'Egalité.*

NOMS DE FAMILLE.	PRÉNOMS.	QUALITÉS.	DERNIERS DOMICILES.
PERIGAUD,		Banquier ,	*rue de Mirabeau.*
PERIGNY, (femme)			*rue de Grammont.*
PEROTIN (de) BARMONT,		ex-Conseil.clerc au ci-dev. parl. de Paris ,	*vieille rue du Temple.*
PERPIGNAND,		Chevalier ,	*rue des Martyrs.*
PERRONNEAU,	Charles-Pierre ,	Subſtitut du Proc. génér-du ci-d. Parl. de Paris.	*rue Croix de la Bretonnerie.*
PERTUIS (de) PRACOMTAT, (madame de)			*rue Dominique.*
PERTUIS (de) veuve de Léonard-Claude DE PRACOMTAT,	Claude-Gabriël	ex-1ᵉʳ. Maître d'hôtel du ci-devant roi ,	*rue Dominique , fauxbourg Germain.*
PERUSSE-D'ESCARS,	Louis-François-Marie ,		*rue du petit Vaugirard , au coin de celle Bagneux.*
PERUSSE-D'ESCARS.	Alexandre ,		
PESLES, (de)			*rue du fauxbourg Montmartre , maiſon de Lafleur.*
PÉTION & ſa femme,		ex-Conſtituant,	*cour de l'Orangerie , aux Tuileries.*
PETIT,	Jean-Baptiſte ,	ci-dev. Vicaire gén. de Langres ,	*rue de Torigny , au Marais.*
PÉTRÉMONT,		Prêtre attaché à la ci-d.paroiſſe Louis ,	*au ci-dev. presbitère de la ſection de la Fraternité.*
PETTIER,			*rue neuve des Capucines.*
PEY,			*cloître Notre-Dame.*
PEYRIGNAN,		ex-Officier au régim. ci-devant Condé ,	*rue des Martyrs.*
PEYSAC,			*rue Blanche.*
PICOT,	Robert ,	Anglais.	
PIENNE, (de)		ci-dev. Duc ,	*rue de Berry.*
PILLEUR DE BRINVANNE,			*rue d'Orléans , au Marais.*
PINOUETTE,			*rue de la Pépinière.*
PINSODARMANT,			*rue du Mail.*
PINSON, (dame)			*rue Mêlée.*
PINSON,			*rue Simon-le-franc.*
PIRÉ, (de)			*rue du Bacq.*
PIVERT,	Pierre ,	Domeſt. du sʳ. Diodati, Miniſ.Plénip. du Duc de Meklenbourg.	
PIZEUX, (de)			*demeurant à Lyon.*
PLAINE (de) CHALIGNY ,		Abbé.	*rue Pôt de Fer.*
PLAT DE TAGNE,			
PLENOYE, (veuve) & ſes quatre enfans,		ex-Comteſſe,	

POAN;

NOMS DE FAMILLE.	PRÉNOMS.	QUALITÉS.	DERNIERS DOMICILES.
POAN, fieur DE MONTHOLON, (fils)			rue Geoffroy-l'Afnier, à côté de la Cazerne.
POGNIAT,			rue Bleue.
POIX, (de)			rue de l'Univerfité.
POLIGNAC,		Ecuyer de Ch.-Phil. ci-devant d'Arrois,	rue d'Anjou.
POLIGNAC,	Jules,	ci-devant Duc.	
POLIGNAC, (madame de)		ci-devant Comteffe	rue du Parc royal.
POLIGNAC, (madame de)	Jules,	ancien. Gouvernant. du ci-d. Prince royal.	
POLIGNAC,		ex-Evêq. de Meaux,	rue Pierre, au Pont-aux-choux.
PONGIBAUD & fon époufe,		ancien Major au rég. de Dauphine,	rue de Montmorency.
PONS, (dame de)		ci-dev. Marquife,	rue de Provence, vis-à-vis celle d'Artois.
PONS, (de) veuve SAINT-MAURICE,		ci-devant Comteffe,	rue de Provence, hôtel de Teluffon.
PONTCARRÉ, (de)	Aglaé,		
PONT-LABBÉ,		ex-Command. de l' garde du ci-dev ro.	rue Notre-Dame des Champs.
PORCEVEAUX, (fieur & dame)		ex-Lieut. au ci-devant régiment de Dillon.	place de la Révolution, au Garde-meuble.
PORTIER DE GOUPILLÈRE,			rue du Temple.
PORVER,	Jean.		
POTTIER,	Gabriël-Eléonore,		à Metz.
POTTIER,	Ant.-Franç.-Fortunat,		à Metz.
POTTIER, époufe de Charles-Leonard - Eugène LARIATIGNY DE VIGNOLLES,	Marie-Catherine-Julie,		à Metz.
POULPRY, (madame de)			rue de l'Univerfité.
POUTAUX,			au Louvre.
POYANNE, (de) femme de TAILLERAND PÉRIGORD, Charles,		ex-Princeffe,	rue de l'Univerfité.
PRACOMTAT, (dame de)			rue Dominique.
PRADINE D'AURELLAC,			maifon du citoyen Caumont, Tapiffier, rue Honoré.
PRESSAC,			rue des Bernardins.
PREVOT,	Jean-François,	ex-Docteur en Sorb.	maifon de la ci-dev. Sorbonne.
PRIGENT,			au collège de Navarre.
PROST DE GRANGE BLANCHE,			place des Victoires nationales.

M

NOMS DE FAMILLE.	PRÉNOMS.	QUALITÉS.	DERNIERS DOMICILES.
PROVENCHÈRE, (père)		Valet de chambre du ci-d. Cte. d'Artois,	rue de Poitiers.
PROUVILLE,			rue du fauxbourg Montmartre.
PUISSEGUEUX, (de)			quai d'Orsay.
PUPILLE DE MIONS.			

K. Q.

NOMS DE FAMILLE.	PRÉNOMS.	QUALITÉS.	DERNIERS DOMICILES.
KALB,		Lieuten. au 99e. Rég. d'infanterie.	
KER,			cul-de-sac Taitbout.
KERRY,		Anglais de naissance,	rue Cerutti, ci-dev. d'Artois.
KERIEUX, (veuve)		ex-Marquise,	rue des Brodeurs.
KERVOLEZ.			
KILIN, (veuve)			
QUÉINARD,			rue de Lille.
QUEUTREL dit GERARD D'ALPIC,			rue des Mathurins.
QUIDOR,		ci-dev. Inspecteur de police.	
QUILLEBEC, (de)		ex-Ministre de la guer.	rue Poissonnière.

R.

NOMS DE FAMILLE.	PRÉNOMS.	QUALITÉS.	DERNIERS DOMICILES.
RABONEAU,		anc. Garde du corps.	
RADEPONT,		ex-Comte,	rue neuve Augustin,
RAIMOND (de) MODÈNE,		ci-devant Gouvern. du Luxembourg.	
RAIMOND (de) MONTMORT,			rue de Vaugirard, chez son ayeul'.
RANCÉ, (dame de)			rue de Bourgogne-Germain.
RANCHIN,		Colonel d'un régim.	rue des trois Pavillons.
RASILLY MONTECLER, son épouse ;	Michel-Gabriel-Robert, Jeanne-Baptiste,	Lieuten. de vaisseaux,	rue du Cherche-Midi.
RAVENEL,			rue de la Vrillière, au ci-dev. hôtel de Toulouse.
REDENG,			rue Traversière, hôtel de Malte.
REGNAULT,			rue de la Fraternité.
REIMOND DE MONTMORT,	Armand,	ex-Sous-lieut. des Gard. du corps du ci-dev. roi.	rue de Vaugirard.
REMY,		Cuisinier,	rue de la vieille Estrapade.
REMY,		Officier d'office,	rue de la vieille Estrapade.

NOMS DE FAMILLE.	PRÉNOMS.	QUALITÉS.	DERNIERS DOMICILES.
RENOIR,		ex-Prêtre,	*rue de Tournon , hôtel de Suède.*
REVEL, (fils)			*rue de Bourbon.*
REVEL DE BROGLIO,			*quai de Voltaire.*
RIANCOURT,		ex-Garde du corps du ci-devant roi ,	*rue Pierre, maison de la dame Vilaire.*
RICHARNIQUE,			*rue des Orties , aux galeries du Louvre.*
RICHELIEU (de) veuve,			*rue d'Angoulême.*
RIQUET (de) CARAMAN,		ex-Marquis,	*rue Dominique , fauxbourg Germain.*
RIQUET (de) CARAMAN ,		ex-Comte ,	*rue Dominique Germain.*
RIQUETTI (de) MIRABEAU ,		ex-Vic. & ex-Colon. d'inf. & ex-Conftit.	*rue de Seine-Germain.*
RIVAROLE, (de) vᵉ. BEAUVERT,			*rue Marc.*
RIVIERRE,	Jeanne-Marie-Etiennette-Félicité ,	ex-Abbé ,	*cloître Notre-Dame.*
ROBEC femme PARENT,			*rue Grange aux Belles.*
ROBERT SAINT-VINCENT,		ex-Confeil. au Parl. de Paris ,	*rue Haute-feuille.*
ROBERT DE SAINT-VINCENT, fils, & la demoifelle DE FORCEVILLE, fon époufe ,		ex-Confeil. au Parl. de Paris ,	*rue Haute-feuille.*
ROBERT,		Imprimeur ,	*rue des Boucheries Honoré.*
ROBGET, (fieur & dame)		ex-Comte,	*rue Nicaife.*
ROCHAMBEAU,			*rue de l'Univerfité.*
ROCHASSIÈRE,			*rue Taitbout.*
ROCHECHOUARD,	Etienne-Pierre ,	Vicomte & Lieut.-génér. des arm. nav. Chevalier de Saint-Louis.	
ROCSEUIL,			*rue Dominique.*
ROHAN ROCHEFORT,	Charles ,	Lieutenant-général,	*rue Jacques.*
ROHAN, (de) fieur & dame GUÉMENÉ,		ex-Prince ,	*rue Paradis , au Marais , hôtel Soubife.*
ROHAN-CHABOT, (fils)		ex-Comte ,	*rue de Seine , fauxbourg Germain.*
ROHAN, (de)	Louis ,	ex-Prince & Landgrave, de l'Alface, ex-Cardin. & Evéq. de Strasbourg.	*rue Antoine.*
ROHAN, (de)			*rue du Regard.*
ROHAN, (de)	Ferdinand ,	ex-Prince & ex-Ev. de Cambray ,	*rue des vieilles Tuileries.*
ROHAN-MONTBAZON,			*rue de la Planche.*
ROHAN-ROCHEFORT,		ci-devant Prince ,	*rue de Varennes.*
ROLAND,			*fauxbourg Jacques , maison des ci-d. dames Ste. Marie.*

NOMS DE FAMILLE.	PRÉNOMS.	QUALITÉS.	DERNIERS DOMICILES.
ROLAND,		Abbé,	rue des vieux Augustins.
ROMANCE, fils,			rue Appoline.
ROMANS DE MESNON,		Capit. aux Gardes,	rue de Provence.
ROMANS (de), v^{te}. de CAVANAC.			
ROSSET (de) s^r. & dame GUÉMENÉ,		ex-Prince,	rue Paradis, au Marais, hôtel Soubise
ROSSET DE FLEURY,	André-Hercule-Alex.	ex-Vicomte,	rue Notre-Dame des Champs.
ROUAULT,	Nicolas-Alphonse-Fel.	ex-Lieutenant-génér.	rue des Fontaines.
ROUENAY,			rue du fauxbourg Denis.
ROUGÉ, (de)			rue de Sèves.
ROUGET & sa femme,			rue Nicaise, hôtel d'Elbœuf.
ROUHAULT,			rue de Sèves.
ROUSSEAU, femme.			
ROUSSEL frères,		tous deux Offic. au ci-d. rég. d'Orl. infant	rue Louis, au Marais.
ROUSSEL,		ex-Chevalier.	
ROUSSY,			rue du Bacq.
ROUZEAU & Benoît-Louis. MAUROY sa femme,	Vincent,	Secrétaire du club des Colons,	place des Victoires nationales.
ROYOU,		Abbé	rue André des Arts.
RUBELLE, (dame de)			rue du Chaume.

NOMS DE FAMILLE.	PRÉNOMS.	QUALITÉS.	DERNIERS DOMICILES.
SAINT-HYPOLITE,			rue de la Harpe.
SAINT-JANVIER,			rue du Sentier.
SAINT-JULIEN (de),			rue Caumartin.
SAINT-LÉGER.			
SAINT-LÉGER,			rue d'Enfer, en la Cité.
SAINT-MARTIN.			
SAINT-MAURICE.			
SAINTE-MARIE,		ex Capit. au régiment des Gardes-Franç.	demeurant au Luxembourg, chez le sieur Devieux, maison de son oncle.
SAINT-ODE,		ex-Chevalier,	enclos du Temple.
SAINT-PAUL,		mort émigré.	
SAINT-PERNE (de),		ex-Gentilhomme de l'ex-Prince Conti,	rue de Grenelle Germain.
SAINT-SAUVEUR,		ex-Officier au régim. de Champagne,	rue des trois Pistolets, chez son père.
SAINT-SAUVEUR,		Chambellan du ci-d. Comte d'Artois,	rue de Buffault.
SAINT-SERVAN, (de)		Marchand,	à Francfort.
SAINT-SIMON (de),		ex-Député de l'Ass. constituante,	rue neuve des Capucines.
SAINT-SIMON, (dame de)			rue de Sèves.
SAINT-SIMON, (dame)			rue Aubry Boucher.
SAINT-SUPLEX, (de)		ex-Abbé,	vieille rue du Temple.
SAINT-SUPLEX, (de)		ci-devant Chevalier,	vieille rue du Temple.
SAINT-SUPLEX, (de)		ex-Comte, l'un des Ecuy. du ci-d. roi,	vieille rue du Temple.
SAISSEVAL & son épouse,	Claude-Jean-Henri,	ex-Marquis,	rue du petit Vaugirard.
SALIVES,			rue du Pont aux Choux.
SALM-SAEM,			rue de Grenelle.
SALMON,	Louis-Grégoire,	ex-Curé de Marcel,	à Franciade.
SANCTUARI,			rue de Richelieu, hôtel du Cirque.
SAVAILLAN (de) MOLÉON,		ancien Officier.	
SAVARY,			rue Hyacinthe.
SAUCEY, (de) femme,			rue de Bourgogne.
SAVINES & son épouse,		ex-Marquis;	rue d'Aguesseau.
SAULX DE TAVANNES,		ex-Marquise;	rue de Choiseuil.

NOMS DE FAMILLE.	PRÉNOMS.	QUALITÉS.	DERNIERS DOMICILES.
SAUNEU,		ci – devant homme d'affaires,	rue de la Calandre.
SAUSSEGNAC femme,			rue Caumartin.
SAUVAGE,		anc. Grand-Audiencier de France,	rue des Audriettes.
SAXE, (de)	Xavier,	ex-Comte de Luzace,	rue du fauxbourg Honoré.
SEBASTIEN, veuve. JAND,			rue du ci-devant Dauphin.
SEGUR,			rue du Bacq.
SELLES, (de)		anc. Capit. de Drag.	
SELLY, (de)			rue de Verneuil.
SENECTERE,			rue de l'Université.
SENNEVOIS, (de)	François-Marie,	ci-devant Marquis,	rue de la Ville-l'Evêque.
SEPEAU de BEAUPRÉAUX, vᵉ. du ci-dev. comte de Latour d'Auvergne,			rue des Vieilles Tuileries.
SERANT, (dame de)			rue du Bacq.
SERENT,	Armand-Louis,	Gouverneur des enf. du ci-d. Cte. d'Artois,	rue de Bourbon.
SERPAUD,		ci-dev. Ferm.-génér.	rue Notre-Dame de Nazareth.
SERRENT,		ex-Marquis,	rue Ventadour.
SESTRIERES, (de)			rue Belle-chasse.
SOMBARD,		Chevalier de S. Louis,	rue de Ménars.
SOMMERY,		Maréchal de camp,	rue de Grenelle.
SOMMERY,			rue Aubry-Boucher.
SOUILLAC,		ci-d. Offic. de marine,	rue de Lille, maison du ci-d. Archevêque de Rheims.
SOUSSIMAN DE TOURDONNET,	Joseph-François,		rue de la Ville l'Evêque.
STAPLETON, fils aîné,	Jos.-Marie-Joach. Anne, Vincent-Edme-Xavier.		rue Cassette.
STAPLETON, fils cadet,	Jos.-Luc-Joach.-Anne-Vinc.-Edmond-Xav.		rue Cassette.
STAPLETON,	Jos.-Joachim-Anne-Fr. de Paule-Thom.-Xav.		rue Cassette.
STUART, (de)		ex-Comte,	rue de l'Echelle.
STUART-FAUR, fille majeure, sœur,	Milady-Marie & Lucie,		rue Hyacinthe.
SURGERE DE GRANGES-PUGUYON,			rue de la Ville-l'Evêque.
SURAILLE, femme de LA QUEUILLE, ex-Constituant,	Émélie, Jean-Claude-Marie,	ex-Marquise,	rue de Babylone.
SY, dit FREMIN,		ex-Marquis.	

NOMS DE FAMILLE.	PRÉNOMS.	QUALITÉS.	DERNIERS DOMICILES.
T			
Tabary père & fils,			rue Poiſſonnière.
Taillerand-Périgord,		ex-Baron & Ambaſſadeur à Malte ,	rue Dominique.
Taillerand-Périgord de Chalais,		ex-Prince de Chalais,	rue de l'Univerſité.
Taillerand-Périgord,		ex-Arch. de Rheims ,	rue de Bourbon.
Taillerant,		ex-Evèque d'Autun , & ex-Conſtituant ,	rue de l'Univerſité.
Talgrin,		Valet de cham. du ci-d. Comte de Gand,	rue de Vaugirard , près le Luxembourg.
Talmont, (de)		ex-Prince ,	rue Dominique , fauxbourg Germain.
Talon,		ex-Chev. honoraire au ci-d. Parl. de Paris & ex-Lieut.-civil du ci-d. Châtelet de Paris ,	rue Florentin.
Tarbé,			rue Baſſe du Rempart.
Tavanac,		ci-devant Comte ,	rue de Choiſeuil.
Taverne,	Bernard-Paulin ,	Chirurgien-major des armées Pruſſiennes,	à Berlin.
Taverne femme Barbier,	Roſalie-Honoré-Petron.		demeurant à Dunkerque.
Taverne,	Robert-Euſébe ,		demeurant à Dunkerque.
Techepart (de) aîné,			rue du Mont-blanc.
Ternet & ſa femme,			rue Barbettè.
Terrier de Monciel,	Antoine-Réné-Marie ,	ex-Marq. Officier au rég. du ci-d. roi, Infanterie,	rue des Tournelles.
Tersac, (de)			place Sulpice.
Tersac,			rue du vieux Colombier.
Tessé, (de)			rue de Varennes.
Theolon, fils aîné,			rue de Bonne-nouvel.e , au coin de celle de la Lune.
Thezan,			rue de Courti.
Thiars, (demoiſelle de) femme ſéparée de biens de J. C. Bervich, ex-Duc de Fitz-James,	Marie-Sylvie-Claude ,		au Louvre.
Thibautaut,		ex-Lient.-général ,	à l'Arſenal , cour de l'Orme.
Thierry de la Prevalay.			
Thierry, femme de Pierre-Franç. Elle & femme-de-chambre de la ci-devant comteſſe de Balbi,	Catherine ;		au Luxembourg.
Thiroux de Mauregard,			rue de Bourbon.

NOMS DE FAMILLE.	PRÉNOMS.	QUALITÉS.	DERNIERS DOMICILES.
THIROUX DE MONTDESIR,			*rue des Quatre-Fils.*
THIROUX DE MIDARI,			*rue de Lille , ci-devant Bourbon.*
THOLOZAN,		Admin. des fubfiftan-ces militaires ,	*rue Charlot , au Marais.*
THORELLY,		ex-Abbé ,	*rue du Hazard.*
THUMERY,			*quai d'Orfay.*
THUISY, fieur & dame			*rue Guénégaud.*
TIMBRUNE,		ci-d. Gouv. à l'École militaire ,	*rue Chantereine.*
TIMBRUNE,	Jean-Cyrus-Mar.-Adel.	ex-Vicomte de Valence & Général des armées de la République ,	*rue du Montblanc.*
TINSENU,		ex-Vicaire général de Befançon ,	*au Collège Mazarin.*
TISSARD,			*rue Montmartre.*
TITON, fils,		ex-Chevalier ,	*rue du fauxbourg Poiffonnière , maifon de fon père.*
TITON, femme MARCONNAY,		ex-Marquife ,	*fauxbourg Poiffonnière.*
TOLONGEON,			*au Luxembourg.*
TOURMONT,			*à Verfailles.*
TOURTEAU DE SEPTEUIL,		Valet de chambre du ci-dev. roi,	*rue neuve des Capucines.*
TRAHON,		Chevalier ,	*quai des Orfèvres.*
TREMONVILLE,			*rue ci-devant Royale.*
TRINOUET,			*rue du gros Chenêt.*
TRISTAN DE SAINT-JUST.			
TRUDON,		ex-Notaire ,	*rue Antoine.*
TRUDON, femme,			*rue Antoine.*
TURGOT,		ex-Marquis & Officier aux ci-d. Gardes-Françaifes ,	*quai d'Orléans , île de la Fraternité.*
TURMEAUX DE LA MAURENDIERE , fils cad.			*rue de Jouy.*
TURPIN,			*rue neuve des Mathurins.*
TURPIN, fils,	Henri ,		*Place de l'Indivifibilité.*

V

NOMS DE FAMILLE.	PRÉNOMS.	QUALITÉS.	DERNIERS DOMICILES.
VALANGLARD,			*rue Notre-Dame des Victoires.*
VALBOIS-DUMETZ-FERRIERE ,	Charles-Victor.		
VALCROISSANT, femme,			*rue de Vaugirard.*
VALENTIN.			

VALENTINOIS,

NOMS DE FAMILLE.	PRÉNOMS.	QUALITÉS.	DERNIERS DOMICILES.
VALENTINOIS,	ex-Comte ,		rue Dominique.
VALLE,			fauxbourg Denis.
VALLIER-DADOREY,			Boulevard de l'Arsenal.
VALORY, (dame)		ci-devant Comtesse.	
VALORY,			rue Bergère.
VALRIN,			rue basse des Ursins.
VANCE,			rue de Varennes.
VARENNES DE FEUILLE,	Philib.-Charles-Marie,		rue de Varennes.
VARENNES DE FEUILLE, femme,			rue du Bacq , an ci-devant couvent de la Visitation.
VASSAN,		ancien Officier aux Gardes ,	rue Avoye.
VASSÉ,		ancien Col. d'infant. & ex-Constituant ,	rue de Belle-chasse.
VASSÉ,		ex-Vidame du Mans,	rue Cassette.
VASSEUR, (dame)			rue de Provence.
VASSY jeune,			rue des Rosiers , fauxbourg Germain , chez son père.
VAUBAN, (de) femme,			aux Ecuries de l'Egalité , rue Thomas du Louvre.
VAUBECOURT,			quai de Voltaire.
VAUCRESSON & sa femme ,		ex-Président ,	rue Thorigny.
VAUDRECOURT,			rue des trois Pavillons.
VAUDREVILLE femme,			rue de Varennes , aux Convalescens.
VAUDREUIL, (dame de)			rue de Varennes.
VAUDREUIL,		ex-Vicomtesse ,	rue de Grenelle , fauxbourg Germain.
VAUGIRAUD, (de)			rue de Berry.
VAUTRIN,		ci-dev. Avocat ,	rue basse des Ursins.
VAUX, (de)			rue des Vieilles Tuileries.
VELUT DE LA CROMIERE fils,			rue Porte-foin.
VERMENOUX, (de)		ex-Commiss.-gén. des Gardes-Suisses,	rue de Provence.
VERMONT,			rue du Sentier.
VERSEILLES,		ex Comte.	
VERTENEY, (de)			rue de Courcelle.
VERTILLAC,			rue de Verneuil.
VEYRAC, (de)		ci-d. Ambassadeur de France en Suisse.	

O

NOMS DE FAMILLE.	PRÉNOMS.	QUALITÉS.	DERNIERS DOMICILES.
Viarme de Pontcarré,			rue Notre-Dame-des-Champs.
Vibraye, (de) sa femme & ses enf.		ex-Marquis,	rue des Blancs-Manteaux, cul-de-sac Péquet.
Vibraye fils,		ex-Marquis,	rue Dominique.
Vichi,			rue ci-devant Royale.
Vichi père,		ex-Marquis,	demeurant à la Farandière.
Vidal, (veuve)	Géneviève.		
Vidard de Saint-Clair, & son épouse Chastenet de Puisegur,	Antoine-Nicol.-Franç. Antoin.-Louise-Max.		
Viella, (de)		ex-Comte,	rue de la Planche, maison de l'Epicier.
Vieville,			rue Hyacinthe.
Vigny, (de)	Anne-Claude,	ci-dev. Officier,	petite rue neuve Gilles.
Vigny, (de)	Jean-Charles,	ci-dev. Officier,	petite rue neuve Gilles.
Ville, (dame de)			rue Lazare.
Ville, (de)	Nicolas-Gabriel,	anc. Agent de change,	rue Montmartre.
Villefort, (dame de)		ci-dev. Comtesse,	au Louvre.
Villefort, (de dame)		ci-dev. Comtesse,	fauxbourg Jacques.
Villefort,		ex-Marquis,	
Villemin, femme,			rue de Cerutti, ci-devant d'Artois.
Villerot,		ci-dev. Comte,	rue Basse du Rempart.
Villeroy, (de) dame		ex-Duchesse,	rue de l'Université, près celle des Pères.
Villers, femme en son nom d'Alençon,	Elisabeth-Thérèse,		cul-de-sac Guémenée, maison du citoyen le Clerc.
Villette,		Valet de chambre du sieur la Briffe,	rue ci-devant Dauphin, maison du citoyen Melin.
Vintimille,			rue du Bacq.
Vintimille (de) Duluc, père,		ex-Marquis,	rue de la Ville l'Evêque.
Vintimille (de) Duluc, fils,		ex-Marquis,	rue de la Ville l'Evêque.
Virieux,	Henri,	ex-Député,	rue de Varennes.
Virieux,			au grand Luxembourg.
Virieux,		ex-Bailli de Malte & Ministre Plénip. de Parme,	rue du Cherche-midi.
Virieux,	Nicolas-Alexandre,	prem. Gentilhomme du ci-d. Monsieur,	au Luxembourg.
Viril de Senozan,			rue de l'Université.
Vouge, (de)		ancien Officier,	rue Paul.

NOMS DE FAMILLE.	PRÉNOMS.	QUALITÉS.	DERNIERS DOMICILES.
VOUGE, (de) fils puîné,	Simon-Casimir,		rue Paul.
WALL,			rue Dominique.
VUILLERET, surnommé DEBROTTE,		ci-d. Cap. d'artillerie,	à Besançon.